Tests 3
Spécial amour et amitié

pour les filles

FLEURUS

Direction : Guillaume Arnaud
Direction éditoriale : Sarah Malherbe
Édition : Fanny Mourcel et Raphaële Glaux

Direction artistique : Élisabeth Hebert, assistée d'Anaïs Acker
Mise en pages : Julie Fanjeaux

Fabrication : Thierry Dubus, Marie Guibert

Site : www.fleuruseditions.com
ISBN : 978-2-2150-9806-5
N° d'édition : 11067
Code MDS : 651 508

« Loi n° 49-956 du 16 juillet 1949 sur les publications destinées à la jeunesse. »

Tests 3

Spécial amour et amitié

pour les filles

Tests et pages « Blog » d'Anne-Sophie Jouhanneau

Illustrations de Marianne Dupuy-Sauze, Dorothée Jost, Isabelle Maroger, Cyrielle, Diglee

Photos de Lionel Antoni et stylisme d'Élisabeth Hebert

FLEURUS

les Nombrils
Le retour de la série culte !
Delaf, Dubuc © Dupuis, 2011.
Déjà 4 tomes disponibles - Nouvel album le 4 novembre
DUPUIS

Le roman des filleS

Envie de lecture palpitante pour les vacances ?
Emportez la série du roman des filles ! De l'amitié, de l'amour, des fous rires, mais aussi de la jalousie, du suspense et des mystères que vous partagerez tout l'été avec nos quatre héroïnes du moment : la douce Lily, la passionnée Chiara, la flamboyante Mélisande et l'impétueuse Maëlle !

À paraître en juin 2011
et à consommer sans modération...

PAR L'ÉQUIPE DU DICO des filles

Déjà parus :

12,90 €

FLEURUS

À mon meilleur ami
et le meilleur des amoureux,
Scott.

Anne-Sophie Jouhanneau

Introduction

Ah ! l'amour ! S'il y a un sujet qui occupe tout ton esprit dès l'adolescence (et ce n'est pas près de s'arrêter), c'est bien celui-ci ! Et pendant que ton petit cœur se remplit des rêves et des désirs les plus fous – rencontrer le prince charmant, faire craquer le garçon le plus mignon du lycée, te marier dans un château féerique… –, ta tête, elle, se pose des tonnes de questions : est-il vraiment amoureux de moi ? Notre premier rendez-vous va-t-il bien se passer ? Cela va-t-il durer entre nous ?

Bien sûr, il n'y a pas que les garçons qui te préoccupent. Tes copines, ta meilleure amie, ta bande, tes sœurs de cœur, elles aussi font partie intégrante de ta vie, tout en te causant parfois quelques tracasseries : est-elle une vraie amie ou une simple copine ? Quelle est ma place dans la bande ? Suis-je capable de me faire de nouvelles amies ?

Et même s'il n'y a pas toujours une réponse claire et définitive, il existe une manière facile et ludique d'essayer de décortiquer tes intrigues amoureuses ou tes imbroglios amicaux : répondre à ces tests 100 % amour et amitié, seule ou entre copines (ou, pourquoi pas, avec ton amoureux !), en étant tout à fait honnête ou bien en faisant semblant de l'être !

Et ce n'est pas tout ! Tu retrouveras aussi au fil des pages le blog de Cléo, qui partage des tas d'astuces et répond aux questions de toutes les amies et amoureuses.

Il ne te reste plus qu'à attraper ton crayon, et c'est parti !

Sommaire

Love, love… I'm in love !

Qu'est-ce qui fait battre le cœur des filles, leur donne des papillons dans le ventre et peuple leurs rêves les plus romantiques ? Les garçons, bien sûr ! Et la réponse à l'ultime question - est-il amoureux de moi ? - ainsi que bien d'autres se trouvent dans les pages suivantes ! Alors, les filles, qu'est-ce que vous attendez ?

Mister Foudamour ou Mister Passesontour ?

T'aime-t-il un peu, beaucoup ou à la folie ?

1 Samedi après-midi, Maxime a prévu un ciné entre copains :

a. Mais il te propose quand même de les accompagner.

b. Mais il passe te voir après pour te raconter.

c. Et il n'a pas l'air de se faire prier.

2 Lucie, la bombe du lycée, passe devant vous à la récré. Maxime…

a. Lui jette un coup d'œil distrait.

b. En perd le fil de la conversation. Vous parliez de quoi déjà ?

c. Ne la remarque même pas. Lucie qui ?

3 Maxime part en vacances quinze jours avec ses parents. Quelle torture !

a. Il t'appelle presque tous les jours, quitte à dépasser son forfait téléphone.

b. Tu reçois le même texto que sa bande de copains : « Il fé cho, trop bi1 ! »

c. Il t'écrit des e-mails régulièrement dans lesquels il te raconte ses journées.

4 Aujourd'hui, c'est la Saint-Valentin !

a. Dès ton arrivée au lycée, Maxime ne manque pas de te la souhaiter.

b. Quoi, cette fête hyper-commerciale ? Il ne veut même pas en entendre parler !

c. Un magnifique bouquet de roses t'attend sur le palier quand tu sors de chez toi.

5 Une forte fièvre, la gorge en feu... Ce matin, tu restes clouée au lit avec la grippe :

a. Maxime te passe un coup de fil à la récré pour prendre de tes nouvelles.
b. Tu reçois un texto inquiet de Maxime à 9 h 01.
c. Le lendemain, il te demande où tu étais passée la veille.

6 C'est la fête ! Maxime organise une super fête chez lui. Quand tu arrives :

a. Sa sœur n'arrive pas à se souvenir de ton prénom. Charlotte ? Élisa ? Euh…
b. Ses copains de foot te lancent un regard soutenu. Ils ont entendu parler de toi, c'est sûr !
c. Son meilleur ami se précipite vers toi, il avait tellement hâte de te rencontrer.

7 Pour ton anniversaire, Maxime t'emmène...

a. Nulle part. Il avait mal noté la date dans son agenda !
b. Dans ton salon de thé préféré, déguster ces pâtisseries dont tu raffoles.
c. Au ciné, voir un film d'action qu'il ne veut absolument pas rater.

8 Tu viens d'avoir une mauvaise note en maths et tu es un peu déprimée. Maxime...

a. Te raconte une blague pour te remonter le moral.
b. Te rappelle que tu n'avais pas révisé.
c. Compatit. Lui vient de rater son contrôle d'histoire !

9 Théo, le meilleur copain de Maxime, te fait une remarque blessante. Quelle est la réaction de Maxime ?

a. Un petit sourire. On peut bien blaguer entre amis, non ?
b. Il te défend immédiatement.
c. Il lance un regard noir à Théo, sans dire un mot.

10 Maxime te propose d'aller boire un café après le lycée, mais tu dois réviser ton anglais...

a. Aucun problème ! Il vient t'aider à réviser à la place.
b. Un peu déçu, il te propose en échange un ciné le lendemain.
c. Tant pis ! Il demande à Margaux si elle est libre, elle.

Et maintenant, compte tes points en t'aidant du tableau ci-dessous :

	1	2	3	4	5	6	7	8	9	10
a	3	2	3	2	2	1	1	3	1	3
b	2	1	1	1	3	2	3	1	3	2
c	1	3	2	3	1	3	2	2	2	1

Si tu as entre **24 et 30 points,** ton profil est le **A.**
Si tu as entre **17 et 23 points,** ton profil est le **B.**
Si tu as entre **10 et 16 points,** ton profil est le **C.**

● Profil A

Il t'aime… à la folie ! Il y a des signes qui ne trompent pas, ce garçon est fou de toi ! La vie sans toi lui semble si triste qu'il ne supporte pas que vous soyez séparés et il ne tarit pas d'attentions délicates et de mots doux à ton égard. Et les autres filles ? Elles n'existent pas à ses yeux. Quelle chance ! Espérons que ces sentiments sont partagés et il ne vous reste plus qu'à profiter de cette belle histoire d'amour !

● Profil B

Il t'aime… un peu, beaucoup. Ce garçon a sans aucun doute des sentiments pour toi. Il apprécie ta compagnie, te respecte et pense souvent à toi. Il tient à toi et à votre histoire, c'est évident, même s'il n'est pas dévoré par un amour brûlant. Et qu'importe s'il ne se répand pas en déclarations d'amour et ne t'appelle pas toutes les cinq minutes ! Tous les garçons ne montrent pas leur affection de la même façon !

● Profil C

Pas toujours facile d'analyser les sentiments d'un garçon… mais il semblerait que celui-ci n'ait pas été atteint par la flèche de Cupidon. En tout cas, pas encore. Qui sait si ses sentiments ne vont pas évoluer avec le temps ? Mais si son comportement ne change pas, passe ton chemin, pour mieux te consacrer à la recherche d'un garçon qui t'appréciera à ta juste valeur et tombera fou amoureux de toi !

Miss Géduflair ou Miss Nodécodeur ?

Sais-tu décoder les signes des garçons ?

1 À une fête, tu rencontres un garçon super chouette, mais il part sans demander ton numéro :

a. Peu importe ! Tu récupères le sien par le biais d'une copine et l'appelles le soir même.
b. Il a dû trouver Léa plus craquante que toi…
c. Espérons que tu le croises à une prochaine fête…

2 Simon t'invite à sa fête samedi soir :

a. Tu es aux anges mais n'en tires aucune conclusion.
b. Il est fou de toi, c'est évident !
c. Tu sais donc qu'il t'apprécie. Maintenant, à toi de voir ce qui se passera samedi !

3 Lors de votre premier rendez-vous, Antoine parle un peu trop de son ex…

a. De toute évidence, il ne s'est pas encore remis de leur rupture. C'est mauvais signe !
b. Génial ! Il te fait déjà tellement confiance qu'il s'ouvre à toi sur son passé !
c. Peut-être essaie-t-il de te rendre jalouse ?

4 Et trois jours après, s'il n'a toujours pas donné signe de vie, c'est que…

a. Il souhaite y aller doucement, il a peur de voir son cœur brisé encore une fois.
b. Tu ne lui plais pas tant que ça. Dommage !
c. Son portable est tombé dans la baignoire, ou son chien a eu un accident.

5 Trois mois que vous êtes ensemble, et tu n'as toujours pas rencontré les copains d'Antoine…

a. Un peu de mystère dans le couple, ça ne peut pas faire de mal !

b. Peut-être qu'il attend que ce soit vraiment sérieux entre vous ?

c. Hmmm, il y a anguille sous roche, à toi de mener ta petite enquête !

6 Tu croises la sœur d'Antoine par hasard, et elle ne se souvient pas de toi :

a. Elle ne doit pas avoir beaucoup entendu parler de toi !

b. Quelle tête en l'air, celle-là !

c. Antoine et elle ne sont pas très proches de toute façon…

7 À la fête de Clélia, Simon et toi échangez des regards appuyés, mais il ne te propose jamais de danser…

a. Peut-être que, en fait, il avait simplement une poussière dans l'œil…

b. Ta patience a des limites ! Tu vas danser un slow avec Thomas.

c. C'est vraiment un grand timide, lui !

8 Antoine te prévient qu'il sera injoignable pendant toutes ses vacances à la plage :

a. C'est cela, oui ! Il a surtout envie d'être tranquille pour draguer les filles sur la plage !

b. Il ne doit pas y avoir de réseau à Palavas-les-Flots…

c. Après tout, il a peut-être besoin de déconnecter du quotidien !

9 Tu déclares ta flamme à Simon, mais il te dit ne pas être prêt pour une nouvelle histoire d'amour :

a. Tu le comprends tout à fait, il faut du temps pour se remettre d'une rupture.

b. Hmmm, tu comprends surtout que tes sentiments ne sont pas partagés.

c. Bien compris, mais inutile pour toi de l'attendre sagement. Il y a plein d'autres poissons dans l'océan !

10 Après avoir échangé votre premier baiser, Antoine se montre distant envers toi :

a. C'est sûr, un peu de discrétion ne fait pas de mal, mais pourquoi se cacher ?

b. Et alors ? Vous avez tout le temps de vivre votre amour au grand jour.

c. Quel goujat ! Aurait-il honte de votre histoire ?

Et maintenant, compte tes points en t'aidant du tableau ci-dessous :

	1	2	3	4	5	6	7	8	9	10
a	1	3	3	2	1	3	2	3	1	2
b	3	1	1	3	2	1	3	1	2	1
c	2	2	2	1	3	2	1	2	3	3

Si tu as entre **24 et 30 points,** ton profil est le **A.**
Si tu as entre **17 et 23 points,** ton profil est le **B.**
Si tu as entre **10 et 16 points,** ton profil est le **C.**

● Profil A

Les garçons viennent d'une autre planète où ils ne parlent pas toujours le même langage que nous les filles, et ça, tu l'as bien compris ! Tu sais lire entre les lignes, interpréter leur comportement et tu restes lucide sur tes relations avec les garçons. Et s'il n'y a aucun mal à être sur ses gardes, mieux vaut ne pas tirer de conclusions hâtives. Même les garçons ont droit au bénéfice du doute !

● Profil B

À force d'observer les garçons, tu commences à bien les connaître ! Tu sais qu'ils peuvent se comporter comme une combinaison secrète dont il faut déchiffrer le code. Et même si tu n'as pas toujours toutes les pièces du puzzle, tu sais qu'il faut parfois gratter un peu la surface et user de ton esprit critique pour te faire une opinion qui tombe souvent juste. Continue comme ça et les garçons n'auront bientôt plus aucun secret pour toi !

● Profil C

Tu es d'une nature plutôt confiante et tu préfères voir le verre à moitié plein. Mais, avec les garçons, cela se solde parfois par des déceptions, car ils peuvent être aussi difficiles à lire que le marc de café ! Essaie de retirer tes lunettes roses de temps à autre pour observer ces spécimens de plus près. Tu verras qu'il ne faut pas toujours prendre ce qu'ils disent à la lettre !

Comment appréhendes-tu le premier rendez-vous ?

1 Simon te laisse le choix du lieu pour votre premier rendez-vous :

a. Tu choisis un café que tu connais bien et où vous pourrez discuter facilement.

b. Tu réserves une table dans un resto ultra-branché.

c. Le parc juste à côté du lycée, ce n'est pas mal, non ?

2 Et comme tenue, tu te décides pour...

a. Ce qui te tombe sous la main ce matin-là.

b. Ta tenue préférée du moment.

c. Le grand jeu. Minijupe et rouge à lèvres vermeil, sans oublier tes talons hauts.

3 Vous avez rendez-vous à 14 heures. Tu arrives...

a. À 14 heures tapantes. Ça ne se fait pas de faire attendre les gens.
b. À 14 h 10. Hors de question d'arriver avant lui !
c. À 14 h 45, pendue au téléphone à discuter de la soirée « démente » de la veille.

4 LE sujet de conversation à éviter :

a. Les trucs de filles en général.
b. Aucun. Vous devriez pouvoir tout vous dire.
c. N'importe quoi qui soit en rapport avec la banalité de la vie quotidienne. C'est d'un triste !

5 En guise de compliment, tu lui dis :

a. Qu'il est bien plus « simple » que ton ex.
b. Qu'il est absolument canon dans cette chemise.
c. Qu'il a un sourire très charmeur.

6 Ton téléphone sonne en plein milieu de la conversation :

a. Tu t'excuses et laisses l'appel aller sur messagerie.
b. « Allô, Robert ? OK, je saute dans mon jet et j'arrive ! »
c. « Allô, maman ? Oui j'ai bien étendu le linge avant de sortir ! »

7 Tu lui parles de toi, de ta vie, de tes hobbies :

a. Beaucoup. Mais sans forcément dire la vérité.
b. Un peu. Mais tu veux surtout apprendre à le connaître.
c. Beaucoup. Tu veux qu'il sache tout de toi.

8 Vous êtes au restaurant. Tu demandes au serveur...

a. Si tu peux avoir des frites à la place des légumes.
b. Le menu gastronomique.
c. De te recommander la spécialité de la maison.

9 Simon te raconte ses exploits au basket :

a. Tu bâilles puis changes de sujet.
b. Tu lui poses plein de questions sur le sujet.
c. Tu hoches la tête, en admiration devant lui.

10 À la fin du rendez-vous, tu as déjà envie de le revoir. Tu lui dis...

a. J'ai passé un super moment. On remet ça bientôt ?
b. Je fais une fête chez moi dans deux semaines. Appelle-moi si tu as envie de passer !
c. Écoute, je suis overbookée en ce moment, mais je peux te caler sur un vendredi soir le mois prochain. À plus !

Et maintenant, compte tes points en t'aidant du tableau ci-dessous :

	1	2	3	4	5	6	7	8	9	10
a	2	3	3	2	1	2	1	3	1	3
b	1	2	2	3	3	1	2	1	2	2
c	3	1	1	1	2	3	3	2	3	1

Si tu as entre **24 et 30 points,** ton profil est le **A.**
Si tu as entre **17 et 23 points,** ton profil est le **B.**
Si tu as entre **10 et 16 points,** ton profil est le **C.**

● Profil A

Lors d'un premier rendez-vous, tu aimes surtout être toi-même. Tu es naturelle et franche et tu préfères que les garçons te voient sous ton vrai jour dès le début. Tu refuses d'user d'artifices pour séduire, les garçons doivent t'apprécier telle que tu es ou pas du tout. Bravo pour ton honnêteté, mais sache qu'en amour un peu de mystère est souvent bienvenu. Si tu dévoiles tout de toi dès le premier rendez-vous, que reste-t-il pour la suite ?

● Profil B

En amour, tu n'aimes pas tricher ou jouer à celle que tu n'es pas, mais cela ne t'empêche pas de vouloir te montrer sous ton meilleur jour, surtout au début d'une histoire. Tu es sincère et ouverte, mais sais garder une part de mystère pour donner au garçon envie de te revoir et d'en apprendre plus à ton sujet. Après tout, il n'a pas besoin de connaître tes défauts ou tes vilaines manies tout de suite, si ?

● Profil C

Ton but, lors d'un premier rendez-vous, c'est d'impressionner le garçon qui est en face de toi. Et tous les moyens sont bons pour lui faire croire que tu es la fille la plus populaire, charmante et sympa de la planète. C'est sûr qu'il ne risque pas de t'oublier, mais cela manque un peu d'honnêteté et de spontanéité… La prochaine fois, essaie d'être un peu plus naturelle, tu verras, les garçons apprécient aussi !

Réussir son premier rendez-vous

SAMEDI, MA COPINE AGATHE A UN RENDEZ-VOUS AMOUREUX AVEC MATTÉO. ELLE A VRAIMENT LE TRAC, ALORS JE LUI AI DONNÉ CES QUELQUES CONSEILS POUR QUE TOUT SE PASSE BIEN. ILS VOUS SERONT PEUT-ÊTRE UTILES À VOUS AUSSI !

- **Tout d'abord, porte une tenue dans laquelle tu te sens très à l'aise.** Ce n'est pas le moment de sortir le décolleté de vamp et le maquillage de camion volé, ni ta robe ultra-habillée. Un jean et un petit haut sympa feront très bien l'affaire. Mais n'hésite pas à ajouter quelques accessoires féminins, les garçons aiment ça !

- **Trouve des sujets d'intérêt commun :** la musique, le sport, le lycée, le ciné, les vacances… Il y en a plein, il suffit de se creuser un peu la tête.

- **D'ailleurs, mieux vaut éviter les sujets qui fâchent,** comme la politique, l'argent, tes histoires avec tes parents… Et je te conseille aussi de mettre le holà aux sujets de fille : parler shopping ferait bâiller n'importe quel garçon. Et ton amour inconsidéré pour Zac Efron ? Motus et bouche cousue !

- **Assure-toi que la conversation reste équilibrée, sans la monopoliser, et pose des questions ouvertes pour éviter les silences gênants.** Par exemple, demande : « Raconte-moi tes vacances de Pâques » plutôt que : « Tes vacances se sont bien passées ? »

- **Et surtout, n'oublie pas de sourire.** C'est le meilleur atout de séduction, ça te rend plus jolie, et c'est contagieux !

- **À la fin du rendez-vous, ne t'attends pas à ce qu'il paie l'addition. Propose de faire moitié-moitié.** Sinon, il risquerait de te prendre pour une petite princesse gâtée…

Et voilà un rendez-vous réussi et un garçon épaté !

Miss Toutpareil ou Miss Paslamême ?

L'amour te rend-il différente ?

1 Depuis que tu sors avec Antoine, tu vois ta bande de copines :

a. Aussi souvent qu'avant ou presque.
b. Moins qu'avant. Mais tu ne manques jamais les sacro-saintes soirées pyjama !
c. De moins en moins. Il n'y a que vingt-quatre heures dans une journée !

2 Soirée avec les copains de Lucas. Ils débattent de leur amour pour les films d'horreur, que tu détestes :

a. Tu hoches la tête de temps en temps, en attendant de passer au sujet suivant.
b. Tu t'exclames : « Tout à fait d'accord avec toi ! » toutes les trois minutes.
c. Tu te moques gentiment : « De toute façon, ils finissent toujours pareil ! »

3 Tu flashes sur Lucas. Pour le faire craquer, tu es prête à…

a. Rester toi-même. Tu es très bien comme tu es !
b. Te montrer cool, sexy, drôle et mystérieuse à la fois. Autant mettre le paquet !
c. Te présenter sous ton meilleur jour. Il n'a pas besoin de savoir tout de suite que tu es un peu jalouse et très gourmande, si ?

4 **Tu ne mets jamais de jupe, mais tu sais que Lucas aime les filles féminines :**

a. Une grosse séance shopping s'impose !

b. Bon, tu feras peut-être un petit effort pour la Saint-Valentin…

c. Pour sortir le week-end, pourquoi pas, mais au lycée tu es bien mieux dans ton jean !

5 **En général, quand tu es amoureuse, ça se voit à…**

a. Ta bonne humeur permanente.

b. Ta plus grande confiance en toi.

c. Ton nouveau look, ta nouvelle coupe de cheveux et tes nouveaux goûts musicaux.

6 **Lucas t'avoue craquer pour Serena Van Der Woodsen, le personnage de *Gossip Girl*. Le soir même, tu…**

a. Te teins les cheveux en blond.

b. Maudis cette grande asperge.

c. Scrutes des photos d'elle pour déceler ce qu'il peut bien lui trouver.

7 **Ta maman sait toujours quand tu es amoureuse car…**

a. Tu lui racontes tous tes secrets !

b. Tu passes trois fois plus de temps dans la salle de bains.

c. Tu laisses toujours tomber la guitare et le volley-ball pour passer plus de temps avec ton amoureux.

8 **Lucas te parle de ses projets d'avenir. Après le bac, il aimerait passer un an à Barcelone :**

a. Il est temps de remonter ton niveau en espagnol !

b. Dommage, toi, c'est à Londres que tu aimerais partir.

c. Barcelone, c'est plutôt sympa comme destination de vacances !

9 **Charlotte, ta meilleure amie, te raconte son dernier chagrin d'amour :**

a. Tu compatis. Pas toujours facile de comprendre les garçons !

b. Quel ennui ! Elle n'a qu'à se trouver un garçon aussi génial que le tien !

c. Tu te mets à sa place. Tous les mêmes !

10 **Ça, tu serais prête à le faire par amour :**

a. Renoncer à une séance shopping pour l'aider à réviser ses maths.

b. Renoncer à ta belle chevelure car il aime les cheveux courts.

c. Renoncer à ta bande de copains au profit de la sienne.

Et maintenant, compte tes points en t'aidant du tableau ci-dessous :

	1	2	3	4	5	6	7	8	9	10
a	3	2	3	1	3	1	3	1	2	3
b	2	1	1	3	2	3	2	3	1	2
c	1	3	2	2	1	2	1	2	3	1

Si tu as entre **24 et 30 points,** ton profil est le **A.**
Si tu as entre **17 et 23 points,** ton profil est le **B.**
Si tu as entre **10 et 16 points,** ton profil est le **C.**

● Profil A

Tu as la tête bien vissée sur les épaules, et ce ne sont pas les beaux yeux d'un garçon qui vont te changer ! Même quand tu es folle amoureuse, tu sais rester fidèle à toi-même, ne pas oublier tes copines et t'intéresser aux mêmes choses qu'avant. Ta vie ne tourne pas autour de ton amoureux, certes, mais sache qu'il est tout à fait normal d'adapter un peu son univers pour faire de la place à une nouvelle histoire d'amour !

● Profil B

En amour, tu sais t'adapter et arrondir les angles sans pour autant compromettre ta personnalité et tes passions. Ce n'est pas parce que tu es amoureuse que tu dois faire la girouette, même si tu sais bien que ton histoire a une certaine influence sur ta vie et ton comportement. Mais du moment que tu continues à faire les choses que tu aimais avant, tout roule pour toi !

● Profil C

Quand tu es amoureuse, tu fais tout pour plaire au garçon qui te fait fondre, quitte à taire tes opinions et à laisser tes amies de côté. Tu consacres ton temps et ton énergie à ton amoureux et tu cherches à t'intégrer à son monde pour filer une parfaite histoire d'amour. Et toi dans tout ça ? Un garçon devrait t'aimer pour celle que tu es et non pour celle qu'il voudrait que tu sois. Être soi-même n'a jamais fait fuir le prince charmant !

Miss Bobo ou Miss Classico ?

Quelle mariée seras-tu ?

1 Pour la décoration de ton mariage, tu pencherais plutôt pour un thème :

a. Tout en blanc.

b. Vintage, avec des objets chinés en brocante.

c. Coloré, avec des illustrations réalisées par une copine.

2 Le signe particulier de ta robe de mariée :

a. Le drapé sur le bustier.

b. La longueur au genou.

c. Sa matière, une dentelle magnifique.

3 En ce qui concerne les invitations, tu n'oublies pas :

a. D'ajouter ton poème préféré.

b. D'inclure un plan de la ville.

c. De personnaliser les enveloppes et les timbres.

4 La veille du jour J, en soirée, tu aimerais...

a. Faire une séance de yoga.

b. Aller boire un verre avec tes copines.

c. Aller dîner chez tes parents.

5 Ce que tu préfères dans les mariages, c'est admirer...

a. Tous les petits détails qui en font une journée mémorable.
b. La robe de la mariée et la tenue des invités.
c. L'émotion des jeunes mariés.

6 Panique ! On t'annonce à la dernière minute que le DJ ne pourra pas venir :

a. Tu dégaines ton iPod, rempli de playlists en tout genre.
b. Tu appelles des copains musiciens à la rescousse.
c. Tu ressors ta liste de DJ potentiels et lui trouves un remplaçant fissa.

7 Tu aimerais arriver à la mairie :

a. Dans une 2 CV.
b. Dans la Mercedes de papa.
c. À Vespa.

8 Ton décor de prédilection pour les photos des mariés :

a. Un joli parc près de chez toi.
b. Un champ de lavande ou de tournesols.
c. Une suite dans un hôtel ultra-moderne.

9 Pour votre première danse en tant que mari et femme, tu choisirais :

a. De la salsa.
b. Une valse.
c. Votre chanson préférée.

10 À la fin de la soirée, tu aimerais que les invités s'exclament :

a. La mariée était si jolie !
b. C'était tellement romantique !
c. Quelle journée parfaite !

Et maintenant, compte tes points en t'aidant du tableau ci-dessous :

	1	2	3	4	5	6	7	8	9	10
a	3	3	1	1	3	2	1	3	2	2
b	1	2	3	2	2	1	3	1	3	1
c	2	1	2	3	1	3	2	2	1	3

Si tu as entre **24 et 30 points,** ton profil est le **A.**
Si tu as entre **17 et 23 points,** ton profil est le **B.**
Si tu as entre **10 et 16 points,** ton profil est le **C.**

● Profil A

Tu seras une mariée assez traditionnelle, optant pour un mariage classique, simple et sophistiqué. Tu rêves de ton grand jour depuis que tu es petite et as hâte de revêtir une belle robe blanche, de descendre vers l'autel au bras de ton papa et d'ouvrir le bal devant ta famille et tes amis. Pour cela, tu ne laisseras rien au hasard et sauras tout mettre en œuvre pour organiser le plus beau des mariages !

● Profil B

Tu seras une mariée créative et tendance. Lors de l'organisation de ton mariage, tu sauras mettre à profit tous tes talents et regorgeras d'idées pour que cette journée soit vraiment originale ! Tu te joueras un peu des traditions, au profit d'un mariage personnalisé, détendu et fun, à commencer par ta robe de mariée qui se voudra moderne et dans laquelle tu pourras danser toute la nuit !

● Profil C

Tu seras une mariée un peu bohème et spontanée. Pour toi, ce qui compte dans le mariage, c'est l'union de deux personnes qui s'aiment. Les détails t'importent peu, du moment que cette journée soit romantique et sans chichis. Tu choisiras certainement de te marier près de la nature, entourée de tes proches, les cheveux au vent, à danser sur les chansons qui auront marqué votre histoire d'amour…

Miss Jyvèafond ou Miss Àreculons ?

Sais-tu faire le premier pas ?

1 À une fête chez Charlotte, tu repères Matthieu, qui est vraiment très mignon :

a. Tu lui proposes tout de suite de danser un slow.
b. Tu passes et repasses devant lui jusqu'à ce qu'il te remarque.
c. Tu vas chercher un soda au buffet quand il s'y trouve.

2 Vous vous retrouvez au buffet en même temps. Ta technique d'approche, c'est de…

a. Lui proposer de lui servir un verre.
b. Lui lancer une phrase bateau, du genre : « Tu la connais comment Charlotte ? »
c. Lui lancer des regards en coin jusqu'à ce qu'il t'adresse la parole.

3 « C'est aux garçons de faire le premier pas ». Que penses-tu de cette affirmation ?

a. Que tu ne crois pas aux règles en amour.
b. Qu'elle t'arrange bien.
c. Qu'elle est terriblement vieux jeu.

4 Quand tu fais le premier pas avec un garçon, c'est parce que...

a. Tu aimes bien être maître de la situation.
b. Il te plaît vraiment et tu n'as pas envie qu'il te passe sous le nez.
c. Tu sais déjà que tu lui plais.

5 Et quand tu fais le premier pas, tu t'assures...

a. De ne pas faire le deuxième. Chacun son tour !
b. De bien lui faire passer le message.
c. De faire planer un peu d'ambiguïté, au cas où il ne partagerait pas tes sentiments.

6 La dernière fois que tu as abordé un garçon à une soirée, tu lui as demandé :

a. Où se trouvaient les toilettes.
b. S'il était célibataire.
c. Si la chaise à côté de lui était prise.

7 Une amie écrit une lettre anonyme enflammée au garçon de ses rêves. Tu penses :

a. Que c'est ultra-romantique.
b. Que ça ne sert à rien s'il ne sait pas qui l'a écrite !
c. Qu'elle devrait attendre sa réaction avant de se dévoiler.

8 Tu t'es enfin décidée à déclarer ta flamme à Lucas, mais il est entouré de sa bande de copains :

a. Tu lui demandes si tu peux lui parler en privé.
b. Tu rebrousses chemin aussitôt.
c. Et alors ? De toute façon, il leur racontera tout après !

9 Et les mots qui sortent de ta bouche sont...

a. Ceux qui te passent par la tête à ce moment-là.
b. Les plus sincères possibles, mais sans en faire des tonnes.
c. Ceux que tu as répétés la veille devant ton miroir.

10 Malheureusement, il te répond qu'il n'est pas intéressé :

a. Ton ego souffre ! Mais tu t'en remettras.
b. Tu crois mourir de honte.
c. Tant pis, au moins tu en as le cœur net.

Et maintenant, compte tes points en t'aidant du tableau ci-dessous :

	1	2	3	4	5	6	7	8	9	10
a	1	2	2	1	2	3	3	2	1	2
b	3	1	3	2	1	1	1	3	2	3
c	2	3	1	3	3	2	2	1	3	1

Si tu as entre **24 et 30 points,** ton profil est le **A.**
Si tu as entre **17 et 23 points,** ton profil est le **B.**
Si tu as entre **10 et 16 points,** ton profil est le **C.**

● Profil A

Faire le premier pas avec les garçons, ce n'est pas vraiment ta tasse de thé. Ou alors il faut que ce soit si subtil qu'ils ne s'en aperçoivent même pas ! Timidité, manque de confiance en toi ou simplement peur de l'échec, les raisons ne te manquent pas pour préférer être courtisée. Mais si le garçon qui te plaît est aussi timide que toi, tu risques d'attendre longtemps ! Alors, essaie parfois de te lancer, tu verras, il ne peut rien t'arriver de grave !

● Profil B

Sur le principe, faire le premier pas vers un garçon ne te pose pas de problème mais, s'il t'aborde en premier, c'est encore mieux ! Et quand tu prends le risque, il est calculé, car tu sais préparer le terrain et te lancer tout en douceur au cas où les choses ne se dérouleraient pas comme tu le souhaites. Pas question pour toi de te jeter à l'eau sans filet de sécurité, mais ne t'inquiète pas trop, aller vers les garçons n'est pas aussi difficile qu'il y paraît !

● Profil C

La timidité, ce n'est pas vraiment ton genre ! Donc, quand un garçon te plaît, tu n'hésites pas une seconde et fonces, sans attendre qu'il vienne vers toi. Bien au contraire, tu préfères prendre les choses en main et aborder sans détour le garçon en question. On admire ta témérité mais, si tu ne veux pas risquer de l'effrayer, une petite dose de subtilité et de patience peut parfois faire des merveilles !

Miss Kancéfinicéfini
u Miss Jesépatropoùjensuis ?

Sais-tu rompre ?

1 En général, quand tu te décides à rompre avec un garçon, c'est que :

a. Tu es tombée amoureuse d'un autre.
b. Tu n'es plus amoureuse de lui.
c. Votre relation commence à se dégrader.

2 Tu t'aperçois qu'il y a de l'eau dans le gaz entre toi et Lucas, tu lui en parles :

a. Illico presto.
b. Quand le bon moment se présente.
c. Euh, tu préfères que ce soit lui qui aborde le sujet.

3 Après que tu l'as quitté, Lucas t'implore de lui donner une deuxième chance. Qu'en penses-tu ?

a. Pourquoi pas, s'il insiste ?
b. Pas question ! N'a-t-il pas compris le message la première fois ?
c. Ce n'est probablement pas une bonne idée. Tu avais de bonnes raisons de le quitter.

4 Selon toi, la meilleure façon de finir une histoire d'amour, c'est de :

a. Le faire dans le respect et la dignité.
b. La transformer en une belle amitié.
c. Couper les ponts soudainement.

5 Rompre par e-mail, SMS ou MSN, pour toi, c'est :

a. Impensable. Une explication de vive voix est obligatoire.
b. Préférable. C'est moins douloureux ainsi.
c. Envisageable uniquement si vous sortiez ensemble depuis moins de deux semaines.

6 Sarah, une de tes copines, aperçoit Lucas pleurer peu après votre rupture...

a. Tu es triste et demandes à Sarah d'aller prendre de ses nouvelles.
b. Lucas qui ? Le passé, c'est le passé !
c. Le pauvre ! Tu te précipites pour aller le consoler.

7 Pour faciliter la rupture, tu lui dis :

a. Ce n'est pas toi, c'est moi.
b. On n'est tout simplement pas faits l'un pour l'autre.
c. Je ne t'ai jamais aimé.

8 Après la rupture, Lucas te demande de lui rendre son pull préféré :

a. Pas de problème, tu lui rendras à la récré.
b. OK, ce sera l'occasion de prendre un dernier café.
c. Bien sûr, tu lui renverras par la poste.

9 Le meilleur endroit pour rompre, selon toi :

a. Dans la cour du lycée.
b. Dans un café.
c. Chez toi ou chez lui.

10 Tes derniers mots à son égard :

a. Adieu, je te souhaite une belle vie.
b. On se voit samedi à la soirée de Benjamin ?
c. Je garderai un bon souvenir de notre histoire.

Et maintenant, compte tes points en t'aidant du tableau ci-dessous :

	1	2	3	4	5	6	7	8	9	10
a	3	1	3	2	3	2	3	2	1	1
b	2	2	1	3	1	1	2	3	2	2
c	1	3	2	1	2	3	1	1	3	3

Si tu as entre **24 et 30 points,** ton profil est le **A.**
Si tu as entre **17 et 23 points,** ton profil est le **B.**
Si tu as entre **10 et 16 points,** ton profil est le **C.**

● Profil A

Tu n'aimes pas les confrontations et préfères que tes histoires d'amour se défassent d'elles-mêmes. En général, tu attends que ce soit lui qui rompe, même quand tu sais que c'est fini entre vous. Et quand c'est toi qui prends la décision, tu fais tout pour ne pas le blesser, quitte à rester amie avec lui. N'oublie pas tout de même qu'une vraie rupture est nécessaire pour que vous alliez chacun de l'avant !

● Profil B

Rompre avec un garçon n'est jamais une partie de plaisir mais, quand tu es sûre que les choses ne vont plus entre vous, tu n'hésites pas à lui annoncer la mauvaise nouvelle de manière simple et concise. Tu sais être respectueuse, mais préfères tout de même ne pas laisser traîner l'affaire. C'est difficile pour toi aussi ! Et s'il n'arrive pas à accepter les faits, sache être ferme tout en restant aimable, ce que tu aimerais qu'il fasse si les rôles étaient inversés !

● Profil C

Impensable pour toi de passer une minute de plus avec un garçon si votre relation semble vouée à l'échec. Tu dois rompre immédiatement, quitte à le faire par SMS. Tu es franche et catégorique, sans trop te préoccuper des sentiments du garçon en question, qui appartient déjà au passé. Essaie tout de même de ne pas être trop dure envers lui, même si tu n'as aucune intention de garder le contact. Sinon, cette rupture risque d'avoir un goût bien trop amer pour lui…

Le forum de Miss Love

Love, love… I'm in love ! | Mes ami(e)s pour la vie ! | En amour comme en amitié

ROMPRE AVEC UN AMOUREUX N'EST JAMAIS UNE PARTIE DE PLAISIR, MAIS IL Y A TOUT DE MÊME DES BONNES ET DES MAUVAISES FAÇONS DE LE FAIRE. PARTAGEZ VOS EXPÉRIENCES SUR CE FORUM !

Ninonbella, 15 ans — Mercredi à 16 h 32

Les filles, help ! Je viens de rompre avec mon copain par SMS, en précisant bien que j'aimerais qu'on reste amis, et il me répond que je suis une vraie horrible peste ! Qu'est-ce qui lui prend ?

Lilabulle, 16 ans — Mercredi à 16 h 37

Ce n'est pas très sympa ! Si tu voulais vraiment que vous restiez amis, tu aurais dû rompre en face à face. Pour moi, c'est la seule façon !

Cléopâtre, 17 ans — Mercredi à 16 h 54

C'est vrai, mais parfois c'est difficile. Moi, je préfère le faire par téléphone. Au moins, je n'ai pas à voir sa mine déçue !

Ninonbella — Mercredi à 17 h 01

OK, mais tu lui dis quoi alors ? Moi, je n'ai de toute évidence pas su comment m'y prendre…

Lilabulle Mercredi à 17 h 12

Tu vas droit au but, sans passer par quatre chemins. Tu lui dis pourquoi tu ne veux plus sortir avec lui et que tu es désolée. Fais court et simple !

Flowergirl, 14 ans Mercredi à 17 h 15

Bien dit, Lilabulle ! Mais mets-y tout de même les formes. Ne lui dis pas qu'il est trop collant ou qu'il embrasse mal. Ça le blesserait trop, même si c'est vrai !

Féeclochette, 13 ans Mercredi à 17 h 23

Donc en gros, tu lui mens ? Ce n'est pas très honnête !

Flowergirl Mercredi à 17 h 46

Mentir, comme tu y vas ! Mieux vaut arrondir les angles, et lui dire que tu n'es plus sûre de tes sentiments ou que tu as besoin d'espace. Parfois la vérité est un peu trop dure à entendre !

Anaïs78, 16 ans Mercredi à 17 h 59

Eh, les filles, que pensez-vous de ça ? Ma meilleure copine veut rompre avec son petit copain, mais elle n'ose pas le faire et me demande d'aller lui parler à sa place…

Cléopâtre Mercredi à 18 h 14

Pas cool du tout ! C'est lâche, et en plus elle te met dans une position vraiment délicate. À ta place je ne le ferais pas !

Clarinette, 15 ans Mercredi à 18 h 27

Tu devrais dire à ta copine que, si elle ne veut plus voir son amoureux, elle lui doit bien une explication. Ça dure dix minutes et après, c'est fini ! Ce n'est pas si terrible que ça, et je suis sûre que si un garçon la quittait, elle aimerait bien qu'il lui explique pourquoi !

Amie ou amoureuse, qu'es-tu pour lui ?

1 En général, tu vois ton copain Martin :

a. En tête à tête.
b. En petit comité.
c. Avec toute votre bande.

2 Tu croises Martin dans la rue alors que tu es avec ton grand frère :

a. Il cherche à savoir qui est ce garçon qui t'accompagne.
b. Il vous demande ce que vous faites de votre après-midi.
c. Il vous propose d'aller boire un café.

3 La dernière chose que vous ayez faite ensemble :

a. Regarder un match de foot à la télé.
b. Une séance ciné.
c. Prendre un café pendant la pause de midi.

4 Quand il te fait un compliment, c'est pour te dire :

a. Que tu es très drôle.
b. Qu'il aime bien ta robe ou ta nouvelle coiffure.
c. Que tu es vraiment une fille bien.

5 Martin apprend que tu seras à la fête d'Antoine samedi soir :

a. Il te propose de venir te chercher.
b. Il veut savoir à quelle heure tu comptes arriver.
c. Il te demande si vous pourrez rentrer ensemble.

6 Vous êtes au café, quand l'addition arrive :

a. Vous payez chacun votre part.
b. Martin insiste pour payer ta part.
c. Martin paie l'addition et suggère que tu paies la prochaine.

7 Martin a-t-il des amies ?

a. Oui, quelques-unes.
b. Non, très peu, à part toi.
c. Oui, beaucoup plus que d'amis.

8 Martin trébuche dans les escaliers et tombe juste devant toi :

a. Il se relève en maugréant, ces escaliers sont vraiment glissants !
b. Il se relève en riant. Tu as vu cette gamelle monstre ?
c. Il se relève sans dire un mot, mais ne peut s'empêcher de rougir de honte.

9 Martin te surprend en train de pleurer :

a. Il te prend dans ses bras pour te consoler.
b. Il va chercher Sarah, ta meilleure copine, pour qu'elle vienne te réconforter.
c. Il te demande ce qui ne va pas et t'écoute lui raconter tes malheurs.

10 En voyage scolaire, vous êtes assis l'un à côté de l'autre dans le bus :

a. Il se retourne sans cesse pour parler avec les filles de derrière.
b. Il te propose d'écouter de la musique sur son iPod et te tend un des écouteurs.
c. Vous discutez et riez pendant tout le trajet.

Et maintenant, compte tes points en t'aidant du tableau ci-dessous :

	1	2	3	4	5	6	7	8	9	10
a	1	1	3	2	1	3	2	2	1	3
b	2	3	1	1	2	1	1	3	3	2
c	3	2	2	3	3	2	3	1	2	1

Si tu as entre **24 et 30 points,** ton profil est le **A.**
Si tu as entre **17 et 23 points,** ton profil est le **B.**
Si tu as entre **10 et 16 points,** ton profil est le **C.**

● Profil A

Il t'apprécie beaucoup… en tant qu'amie ! Il aime passer du temps avec toi, plaisanter et n'hésite pas à te demander un service mais, pour lui, tu es une copine comme une autre. Ses sentiments à ton égard semblent purement platoniques et, même si les choses peuvent évoluer dans le futur, mieux vaut profiter de cette belle amitié plutôt que d'essayer de la transformer en histoire d'amour.

● Profil B

Votre relation est quelque peu ambiguë. Il n'est peut-être pas sûr de ses sentiments envers toi, ou bien il est trop timide pour te draguer ouvertement. Il tient à toi, c'est sûr, mais t'envisage-t-il vraiment comme petite amie ? Étudie sa réaction quand tu te rapproches d'autres garçons ou bien essaie de passer plus de temps en tête à tête avec lui pour élucider ce mystère !

● Profil C

Ce garçon te considère bien plus que comme une amie. Il semblerait même qu'il craque véritablement pour toi ! Les preuves ? Vous passez souvent du temps en tête à tête, tu es l'une des rares filles de son entourage, il est jaloux de ton frère et il remarque même ta nouvelle coiffure ! À toi de voir si tu partages ses sentiments et si tu as envie de faire une croix sur votre amitié pour vous lancer dans une jolie histoire d'amour !

Miss et Mister Pourtoujours ou Miss et Mister Ausecours ?

Cela va-t-il durer entre vous ?

1 Ton entourage pense que ton amoureux et toi...
- a. Êtes faits l'un pour l'autre.
- b. Êtes comme le jour et la nuit.
- c. Avez l'air adorables ensemble.

2 Le sujet qui fâche entre vous :
- a. Entre son entraînement de foot et tes leçons de guitare, vous avez peu de temps l'un pour l'autre.
- b. Vos goûts musicaux très différents.
- c. Vos projets d'avenir respectifs.

3 Laquelle de ces affirmations décrit le mieux tes sentiments ?
- a. Tu ne peux pas imaginer ta vie sans lui.
- b. Tu aimes passer du temps avec lui.
- c. Tu as des papillons dans le ventre dès que tu l'aperçois.

4 Ce qui vous rapproche le plus :
- a. Vos centres d'intérêt.
- b. Votre bande d'amis commune.
- c. Votre conception de la vie.

5 Vous n'allez pas vous voir pendant les vacances scolaires :

a. Peu importe. Les retrouvailles n'en seront que meilleures !

b. À vous les longues conversations téléphoniques pour maintenir la flamme à distance !

c. Catastrophe. Votre histoire va en pâtir, c'est sûr !

6 La plus belle chose qu'il ait faite pour toi :

a. Être venu te chercher à scooter pour votre premier rendez-vous.

b. Avoir séché son entraînement de foot pour te voir.

c. Avoir dégoté des tickets pour le concert de ton groupe préféré.

7 Après une bonne dispute :

a. Vous ne vous adressez pas la parole pendant trois jours.

b. Vous vous expliquez calmement jusqu'à ce que la tempête soit passée.

c. Vous décidez de rompre, pour vous remettre ensemble deux semaines plus tard.

8 Tu doutes de ses sentiments pour toi :

a. Souvent. Il n'est pas toujours facile à décrypter, ce garçon !

b. Jamais. Il te dit tout le temps combien tu comptes pour lui.

c. Parfois. Cela dépend des jours.

9 Rencontrer son futur mari au lycée, ça te paraît...

a. Possible. Mais tu doutes que ça arrive très souvent !

b. Un peu prématuré.

c. Tellement romantique !

10 Entre vous, qui a fait le premier pas ?

a. Lui. Il t'a draguée et tu as tout de suite succombé.

b. Vous êtes naturellement allés l'un vers l'autre.

c. Toi. Tu lui courais après depuis un bon moment déjà !

Et maintenant, compte tes points en t'aidant du tableau ci-dessous :

	1	2	3	4	5	6	7	8	9	10
a	3	2	3	2	3	1	2	1	2	2
b	1	3	1	1	2	2	3	3	1	3
c	2	1	2	3	1	3	1	2	3	1

Si tu as entre **24 et 30 points,** ton profil est le **A.**
Si tu as entre **17 et 23 points,** ton profil est le **B.**
Si tu as entre **10 et 16 points,** ton profil est le **C.**

● Profil A

Personne ne peut prédire l'avenir mais, entre toi et ton amoureux, c'est du solide ! Et il y a toutes les chances pour que cela dure ! Vous avez une relation stable et saine et tenez de toute évidence beaucoup l'un à l'autre. Même vos copains le pensent ! Sans ombre à l'horizon, votre amour ne peut que continuer à s'épanouir. Alors cesse de te poser des questions et profites-en pleinement !

● Profil B

Vous vivez une belle histoire, mais il est encore trop tôt pour savoir si vous êtes prêts à vous engager sur le long terme. Votre couple connaît des hauts et des bas, comme tous les couples, mais il repose sur de bonnes bases et ne risque pas d'être ébranlé du jour au lendemain. Mais comme personne ne sait de quoi demain est fait, sache apprécier le bel amoureux qui se trouve à tes côtés aujourd'hui !

● Profil C

Beaucoup de différences entre vous et quelques soucis de communication n'augurent rien de bon pour le futur de votre couple. Penses-tu vraiment être amoureuse ? Crois-tu que vous soyez faits l'un pour l'autre ? Si oui, ne baisse pas les bras trop vite, mais sache qu'il est rare que les couples formés au lycée durent toute une vie. Mais que cela ne t'empêche pas de profiter de lui et de votre histoire pour le moment !

Quel garçon de *Gossip Girl* est fait pour toi ?

1 Pour toi, le petit copain parfait est aussi :

a. Ton meilleur ami.
b. Le meilleur des séducteurs.
c. Un véritable romantique.

2 Le lieu du rendez-vous amoureux idéal, selon toi :

a. Une soirée secrète ultra-branchée.
b. Chez lui, à regarder vos films préférés.
c. Un bal parmi la haute société.

3 Le meilleur moment en amour, c'est :

a. Les premières fois, quand tout est nouveau et excitant.
b. Le stade de la séduction, avant le premier baiser.
c. Quand tu as l'impression de tout connaître de ton amoureux.

4 Plus tard, tu te verrais bien épouser :

a. Un grand écrivain.
b. Un chef d'entreprise.
c. Un prince.

5 Le trait de caractère qui t'attire le plus chez un garçon :

a. L'ambition.
b. L'humour.
c. Le charme.

6 Ton style vestimentaire préféré chez les garçons :

a. Jean, tee-shirt, baskets.
b. Chinos, polo et pull marin.
c. Costume-cravate.

7 En amour, tu as besoin de te sentir...

a. Désirée.
b. Aimée passionnément.
c. Appréciée telle que tu es.

8 Tu préfères les garçons :

a. Créatifs.
b. Sportifs.
c. Cultivés.

9 Tu ne pourrais pas supporter qu'un garçon ne sache pas...

a. S'affirmer.
b. T'impressionner.
c. S'ouvrir à toi.

10 Le romantisme, tu penses que c'est...

a. Impératif en amour.
b. Agréable, à petite dose.
c. Niais. La guimauve, très peu pour toi !

Et maintenant, compte tes points en t'aidant du tableau ci-dessous :

	1	2	3	4	5	6	7	8	9	10
a	1	3	2	1	3	1	3	1	2	2
b	3	1	3	3	1	2	2	2	3	1
c	2	2	1	2	2	3	1	3	1	3

Si tu as entre **24 et 30 points,** ton profil est le **A.**
Si tu as entre **17 et 23 points,** ton profil est le **B.**
Si tu as entre **10 et 16 points,** ton profil est le **C.**

● Profil A

Tu craques pour les garçons mystérieux et séducteurs et Chuck serait parfait pour toi. Tu as besoin de frissons, d'aventures et tu rêves d'un garçon qui sache te faire vibrer, te surprendre et te faire découvrir un univers hors du commun. Très joueur et plein d'ambition, Chuck saurait compléter à merveille le petit grain de folie qui met du piment dans ta vie !

● Profil B

Les garçons romantiques et tendres, comme Nate, sont ceux qui t'attirent le plus. Avec lui tu te sentirais comme une princesse attendant d'être sauvée par son prince vaillant et ultra-craquant, sans jamais te lasser d'être lovée dans ses bras musclés. Tu rêves d'une vraie histoire d'amour avec un garçon bien sous tous rapports, et que toutes les filles t'envient ton amoureux si charmant et attentionné !

● Profil C

Tu aimes les garçons créatifs avec qui tu puisses rire et être toi-même. C'est donc Dan, l'artiste maudit, qui te correspondrait le mieux. Il serait ton meilleur ami, ton allié, et vous pourriez tout vous dire. Pas de cachotteries ni de faux-semblants avec ce garçon sincère et honnête qui saura t'apprécier au naturel et te rendra heureuse, tout simplement !

Questions de filles

(Anne-Sophie vous répond !)

Love, love... I'm in love ! Mes ami(e)s pour la vie ! En amour comme en amitié

Je sors avec un garçon depuis deux mois. Il a l'air accro, mais moi, je ne sais toujours pas si je suis amoureuse...

(Alexandra, 15 ans)

Dans une relation, les sentiments se développent avec le temps et à mesure que l'on apprend à se connaître. Il est donc normal que tu ne te sentes pas (encore) follement amoureuse. Mais si tu as l'impression que tu ne partages pas ses sentiments et que tu ne tiens pas beaucoup à lui, peut-être qu'il n'est tout simplement pas fait pour toi. Laisse-toi le temps de la réflexion et, si tes sentiments n'ont pas évolué dans quelques semaines, tu sauras quoi faire...

Mon amoureux fête son anniversaire le mois prochain et je ne sais pas quoi lui offrir. Comment trouver le cadeau idéal ? (Audrey, 14 ans)

Les garçons et les filles ont des goûts très différents, alors ne te lance pas à l'aveuglette ! Demande l'avis de ses copains ou de sa sœur, et montre-toi très attentive. Peut-être a-t-il parlé d'un nouveau jeu vidéo ou d'un tee-shirt qui lui ferait plaisir ? Mais, dans tous les cas, sache que c'est l'intention qui compte et n'oublie pas d'accompagner ton cadeau d'un petit mot personnalisé qui le touchera encore plus !

Ma copine Louise s'entend très bien avec Nathan, mon petit copain. Si bien, en fait, que j'ai peur qu'elle n'essaie de me le piquer. Help ! (Léa, 17 ans)

Il se peut tout à fait que ses intentions soient nobles. Elle essaie d'apprendre à le connaître, puisqu'il fait partie de ta vie. Mais si son comportement te met mal à l'aise, le mieux est de lui en parler. Dis-lui que tu aimerais passer plus de temps en tête à tête avec Nathan et présente-la à quelques-uns de ses copains, parmi lesquels elle trouvera peut-être chaussure à son pied !

Miss Rusée ou Miss Spontanée ?

Sais-tu mettre toutes les chances de ton côté ?

1 À la fête de Margaux, Lucas te drague devant Antoine, le garçon de tes rêves :

a. Malheur ! Tu ne veux pas qu'Antoine pense que tu es intéressée par Lucas !

b. Parfait ! Antoine va se rendre compte que tu plais aux garçons et que tu n'as que l'embarras du choix !

c. Bien ! Cela va jouer à ton avantage, du moment que Lucas ne te colle pas toute la soirée !

2 Pour toi, la séduction, c'est...

a. Un art que tu maîtrises parfaitement.

b. Un jeu auquel tu te prêtes volontiers.

c. Complètement superflu.

3 Le meilleur moyen de se rapprocher d'un garçon, c'est...

a. D'aller l'aborder quand l'occasion se présente, tout simplement.

b. De se trouver sur son chemin « par hasard » aussi souvent que possible.

c. D'infiltrer sa bande de copains.

4 Tes copines te demandent des conseils sur les garçons :

a. Souvent.

b. Jamais.

c. Parfois.

5 Avant de partir à la conquête d'un garçon qui te plaît, tu mènes ta petite enquête pour...

a. Savoir s'il n'a pas déjà une petite copine.
b. Connaître ses hobbies, son style de fille, ses habitudes…
c. Apprendre son prénom, c'est déjà un bon début !

6 Ce soir, Antoine et sa bande vont à un concert de hard rock, musique que tu détestes. Quand il te propose de les accompagner, tu réponds :

a. « Non merci, le hard rock n'est vraiment pas ma tasse de thé. »
b. « Ma musique préférée ! J'en suis. »
c. « Désolée, je ne suis pas dispo. Mais si on prenait un café demain pour que tu me racontes le concert ? »

7 Qu'est-ce qui pourrait te faire annuler un rendez-vous amoureux à la dernière minute ?

a. Un gros rhume.
b. Une troisième guerre mondiale.
c. Un petit bouton sur le nez.

8 Il est facile de marquer des points avec un garçon quand...

a. On l'aide à réviser ses cours de maths.
b. On remarque distraitement les nombreux points communs que l'on a.
c. On le fait rire.

9 Ta copine Amandine a une tenue spéciale « attrape-garçons » : féminine, un brin sexy sans trop en faire. Qu'en penses-tu ?

a. Que c'est une idée géniale, puisque tu en as une toi aussi.
b. C'est ridicule ! Elle devrait rester elle-même !
c. Si ça marche, pourquoi pas ?

10 Tu viens de te disputer avec tes parents quand tu arrives à ton premier rendez-vous avec Antoine :

a. Tu décides d'oublier ta dispute et de profiter de ce moment avec lui pour rire et te changer les idées.
b. Tu lui réponds brièvement quand il te demande pourquoi tu as l'air triste puis changes de sujet.
c. Tu as besoin de te confier et lui racontes toute l'histoire de A à Z.

Et maintenant, compte tes points en t'aidant du tableau ci-dessous :

	1	2	3	4	5	6	7	8	9	10
a	1	3	1	3	2	1	2	1	3	3
b	3	2	2	1	3	3	1	3	1	2
c	2	1	3	2	1	2	3	2	2	1

Si tu as entre **24 et 30 points,** ton profil est le **A.**
Si tu as entre **17 et 23 points,** ton profil est le **B.**
Si tu as entre **10 et 16 points,** ton profil est le **C.**

● Profil A

Pleine de ruses et de stratagèmes, tu connais toutes les tactiques pour mettre les garçons dans ta poche. Tu as une véritable stratégie de séduction et n'hésites pas à enjoliver la vérité pour arriver à tes fins. Pas question pour toi de laisser faire le hasard ! Cependant, n'hésite pas à mettre parfois tes stratagèmes de côté pour essayer d'être un peu plus spontanée, cela peut très bien fonctionner aussi !

● Profil B

Tu sais bien que plaire aux garçons peut être une tâche délicate, tu n'hésites donc pas à tester les astuces données par les copines ou les magazines féminins. Après tout, les garçons font bien la même chose, non ? Alors si tu as un vilain rhume le jour d'un rendez-vous, tu préfères annuler plutôt que de te moucher au-dessus de ton café. Pas très glamour ! Et quand le hasard ne fait pas bien les choses, tu n'hésites pas à lui donner un petit coup de pouce. Tout en discrétion, bien sûr !

● Profil C

En amour, tu crois surtout au destin. « Si cela doit se faire, cela se fera » étant ton mantra, tu ne vois pas l'intérêt d'apprendre des techniques de drague ou d'utiliser quelque artifice pour séduire un garçon. S'il ne succombe pas à ton charme naturel, c'est qu'il n'était pas fait pour toi. Il n'y a pas de raison de se comporter ou de s'habiller différemment pour plaire. Ta sincérité est très louable, mais il n'y a aucun mal à jouer le jeu de la séduction de temps en temps…

Succombes-tu facilement au coup de foudre ?

1 Un garçon du lycée t'envoie une lettre anonyme te déclarant sa flamme :

a. Tu trouves cela adorable et éprouves immédiatement des sentiments pour lui.

b. Comment est-ce possible ? Vous ne vous êtes jamais adressé la parole !

c. Tu es flattée, mais aussi un peu mal à l'aise.

2 En général, tes histoires d'amour finissent...

a. En douceur. Et tes ex deviennent souvent des copains.

b. En pleurs. Comment en est-il possible autrement ?

c. Aussi vite qu'elles ont commencé.

3 Tu sors avec Antoine depuis six mois. Mais lorsque tu rencontres Lucas, tu te surprends à penser de plus en plus à lui...

a. Tu cherches à connaître Lucas un peu mieux pour savoir si tes sentiments sont réels.

b. Tu te laisses le temps de la réflexion. Si dans trois semaines tu penses toujours autant à Lucas, tu sauras quoi faire.

c. Tu romps avec Antoine immédiatement. Tes sentiments pour Lucas ne peuvent pas attendre.

4 Charlotte te raconte l'histoire de ses parents : ils se sont mariés deux mois après s'être rencontrés ! Ta réaction :

a. S'ils sont toujours mariés vingt ans plus tard, alors, ils ont bien fait !

b. Magique ! Comme quoi cela n'arrive pas que dans les films !

c. Ils devaient souffrir de folie passagère ! Pourquoi si vite ?

5 Avant de te lancer dans une histoire d'amour, réfléchis-tu à ses chances de succès ?

a. Toujours. Si Antoine part vivre à l'autre bout de la France dans deux mois, tu préfères t'abstenir.
b. Jamais. Tu écoutes ton cœur, pas ta tête !
c. Parfois. Mais, finalement, tu te lances souvent sans trop te poser de questions !

6 Ton cœur fait « BOUM » quand tu aperçois Simon, mais tu apprends qu'il a une copine :

a. Ô douleur ! Mais qui sait si dans trois mois ils seront toujours ensemble ?
b. Il ne te reste plus qu'à l'oublier !
c. Peu importe. Il « doit » savoir ce que tu ressens pour lui !

7 Dans une relation amoureuse, tu penses que, avec le temps, les sentiments...

a. S'amenuisent, car la routine gâche tout !
b. S'intensifient au fur et à mesure que l'on apprend à se connaître.
c. Évoluent. La passion ne dure qu'un temps, mais elle fait place à quelque chose de tout aussi fort !

8 En général, entre le moment où tu rencontres un garçon et le moment où tu tombes amoureuse de lui, il se passe :

a. Quelques heures tout au plus.
b. Quelques jours, voire quelques semaines.
c. Plusieurs mois, parfois !

9 Tu craques pour Armand, un copain de Margaux, mais elle t'avoue qu'il est assez égoïste et rarement fidèle en amour...

a. Tu te sens tout de suite refroidie. Armand n'est en fait pas si mignon que ça...
b. Il ne te reste plus qu'à apprendre à le connaître pour en avoir le cœur net.
c. Peu importe. Tu as déjà été atteinte par la flèche de Cupidon et rien ne pourra changer ça !

10 Léa t'annonce qu'elle est tombée amoureuse de son meilleur ami. Cela te paraît...

a. Logique, vu tout le temps qu'ils passent ensemble.
b. Étrange. Elle doit confondre ses sentiments.
c. Normal. Il n'est pas rare qu'une belle amitié évolue en amour.

Et maintenant, compte tes points en t'aidant du tableau ci-dessous :

	1	2	3	4	5	6	7	8	9	10
a	3	1	2	2	1	2	3	3	1	2
b	1	2	1	3	3	1	1	2	2	3
c	2	3	3	1	2	3	2	1	3	1

Si tu as entre **24 et 30 points,** ton profil est le **A.**
Si tu as entre **17 et 23 points,** ton profil est le **B.**
Si tu as entre **10 et 16 points,** ton profil est le **C.**

● Profil A

Pour toi, il n'y a pas de demi-mesure en amour. Tu te lances à corps perdu ou pas du tout ! Donc, bien évidemment, tu es la cible idéale des coups de foudre. Tu ne vis que pour les passions fulgurantes, les sentiments déraisonnés, les amours impossibles. Les relations simples et paisibles ne t'intéressent pas. Mais n'oublie pas toutefois de te protéger car, quand la foudre s'éloigne, les lendemains sont parfois difficiles !

● Profil B

Il ne t'arrive pas souvent de tomber follement amoureuse d'un garçon au premier regard, mais tu n'es pas non plus imperméable à la passion et aux sentiments extrêmes. Mais même lorsque le coup de tonnerre a retenti, tu gardes au moins un pied sur terre et sais faire preuve d'un minimum d'esprit critique, même si le garçon en face de toi est beau à en perdre la raison !

● Profil C

Le coup de foudre ne passera pas par toi ! Pour tomber amoureuse d'un garçon, tu as besoin d'apprendre à le connaître et de laisser évoluer tes sentiments. Tu serais bien incapable de te lancer tête baissée dans une histoire qui semble n'avoir aucune chance ! Cela dit, qui ne tente rien n'a rien ; alors, quand la prochaine tempête approchera, ne cours pas te mettre à l'abri aussi vite !

Miss Crazyinlove ou Miss Waitingforlove ?

Es-tu vraiment amoureuse ?

1 Ce qui te plaît le plus chez Clément, ton petit copain :

a. Son physique.
b. Sa personnalité.
c. Sa bande de copains.

2 Sarah t'avoue qu'elle trouve Clément un brin arrogant :

a. Qu'est-ce qu'elle raconte ? Elle le connaît à peine !
b. C'est vrai, mais ça fait partie de son charme.
c. Si seulement c'était son unique défaut !

3 À la récré, tu aperçois Clément discuter avec une grande brune très jolie :

a. Et alors ? Toi, tu es bien en train de discuter avec Martin…
b. Tu cours les rejoindre illico.
c. Tu mènes ta petite enquête. Qui est-elle, que veut-elle ?

4 Clément annule votre rendez-vous à la dernière minute, car il est cloué au lit avec un rhume :

a. Tu lui demandes de t'appeler dès qu'il se sentira mieux.
b. Tant pis, tu iras faire du shopping avec Sarah à la place.
c. Tu proposes de lui tenir compagnie.

5 Sarah te parle de Marc, nouveau au lycée et ultra-craquant :

a. Tu l'as déjà remarqué. Craquant, en effet !

b. Bof, il n'est pas si mignon que ça.

c. Tu conseilles à Sarah d'aller l'aborder au plus vite.

6 Les grandes vacances approchent, tu penses déjà :

a. À toutes les choses que vous allez faire tous les deux.

b. Aux surfeurs que tu vas rencontrer sur ton lieu de vacances.

c. À toutes les fêtes que vous allez faire entre amis.

7 Quand vous n'êtes pas ensemble, Clément te manque…

a. Tout le temps. C'est une véritable torture !

b. Souvent, surtout quand tu es seule.

c. Parfois, quand tu aimerais bien emprunter son scooter.

8 Le matin, quand tu l'aperçois dans la cour du lycée :

a. Tu te demandes où il a bien pu trouver un tel tee-shirt !

b. Ton cœur bat la chamade.

c. Tu le trouves vraiment mignon.

9 Que penses-tu de ses défauts ?

a. Qu'ils ne sont pas pires que les tiens.

b. Des défauts, quels défauts ?

c. Ils t'agacent mais tu essaies de ne pas le montrer.

10 Clément ne peut pas venir à la fête de ta copine Pauline :

a. Dommage, mais tu lui raconteras tout après !

b. Pas si grave. Il y aura plein d'autres garçons avec qui danser…

c. Tu n'as même plus envie d'y aller.

Et maintenant, compte tes points en t'aidant du tableau ci-dessous :

	1	2	3	4	5	6	7	8	9	10
a	2	3	1	2	1	3	3	1	2	2
b	3	2	3	1	3	1	2	3	3	1
c	1	1	2	3	2	2	1	2	1	3

Si tu as entre **24 et 30 points,** ton profil est le **A.**
Si tu as entre **17 et 23 points,** ton profil est le **B.**
Si tu as entre **10 et 16 points,** ton profil est le **C.**

● Profil A

Avais-tu vraiment besoin de faire ce test pour le savoir ? Tu es très amoureuse de ce garçon et tu ne t'en caches pas une seconde ! La vie sans lui te semble bien triste et tu n'apprécies guère que d'autres filles s'approchent de ton prince charmant, qui est parfait à tes yeux. Et si tu faisais le test pages 36-38 [amie ou amoureuse, qu'es-tu pour lui ?] pour savoir s'il partage tes sentiments ?

● Profil B

Tu as des sentiments pour lui, mais de là à parler d'amour avec un grand A, il y a un pas que tu n'as pas encore franchi. Tu penses souvent à lui et tu n'aimerais pas qu'il te quitte, mais cela ne t'empêche pas de remarquer les autres garçons du lycée. Laisse le temps faire son travail et tu verras certainement tes sentiments évoluer, d'un côté ou de l'autre !

● Profil C

T'es-tu déjà demandé pourquoi tu sortais avec ce garçon ? Car il semblerait que ce ne soit pas ta passion dévorante pour lui qui en soit la cause. Peut-être que tu l'apprécies en tant qu'ami, ou que sa bande de copains est vraiment très sympa, mais en tout cas on dirait bien que les feux de l'amour ne brûlent pas chez toi. Sois honnête envers lui, au risque de lui briser le cœur. Sinon, il finira par s'en rendre compte un jour ou l'autre !

Miss Simpletouriste ou Miss Visiteuseconfirmée ?

Connais-tu bien la planète garçons ?

1 Ton grand frère monopolise la salle de bains pendant une heure :

a. Il se fait beau pour une fille, c'est sûr !

b. Il doit être en train d'essayer une nouvelle coiffure.

c. Il a dû s'enfermer avec sa console vidéo pour être tranquille !

2 Tu n'apprécies pas du tout le meilleur copain de Lucas, ton amoureux :

a. Tu lances à Lucas un ultimatum, il doit choisir entre lui et toi !

b. Tu te gardes bien de le faire savoir à Lucas.

c. Tu évites de voir son copain au maximum.

3 Pour son anniversaire, tu offres à Lucas :

a. Le dernier jeu vidéo qui vient de sortir.

b. Un joli pull.

c. Un ours en peluche sur lequel est inscrit « je t'aime ».

4 Pourquoi les garçons passent-ils moins de temps dans les boutiques que les filles ?

a. Parce qu'ils ont moins de vêtements.

b. Parce qu'ils sont moins intéressés par la mode.

c. Parce qu'ils ne considèrent pas le shopping comme un passe-temps. Ils font les boutiques avec une idée précise en tête et ne flânent pas pendant des heures.

5 D'après toi, lorsque Lucas est avec sa bande de copains, la conversation tourne autour :

a. De l'affreux look du prof de maths.
b. Du sport ou des voitures.
c. Des séries télé et des derniers films qu'ils ont vus.

6 En général, les garçons préfèrent les filles qui savent :

a. Embrasser.
b. Jouer au foot.
c. Plaisanter.

7 Comptes-tu des garçons parmi tes amis ?

a. Bien sûr, tu as quelques très bons copains !
b. Des connaissances, oui, mais pas vraiment des amis.
c. Non. Ton entourage est 100 % filles !

8 Si tu n'as jamais vu un garçon pleurer, c'est parce que…

a. Ils sont moins sensibles que les filles.
b. Les garçons ne pleurent pas, c'est un truc de filles.
c. Ils n'osent pas exposer leur sensibilité en public.

9 Décolletés plongeants et minijupes, les garçons n'aiment que ça !

a. Tout à fait, les garçons aiment les filles sexy.
b. C'est faux, même s'ils ont tendance à apprécier les filles féminines.
c. Ce n'est qu'un affreux cliché ! Ils aiment tout autant les filles en jogging et baskets !

10 Lucas dit être amoureux de toi mais, la plupart du temps, il voit sa bande de copains sans toi :

a. C'est normal. Imagine s'il venait à tes soirées pyjama entre filles !
b. Peu importe. Cela ne t'empêche pas d'arriver « à l'improviste » au milieu de leur jeu vidéo.
c. Mmm, il ment, c'est évident. S'il t'aimait vraiment, il te voudrait toujours à son côté.

Et maintenant, compte tes points en t'aidant du tableau ci-dessous :

	1	2	3	4	5	6	7	8	9	10
a	3	1	3	1	1	2	3	2	2	3
b	2	3	2	2	3	1	2	1	3	2
c	1	2	1	3	2	3	1	3	1	1

Si tu as entre **24 et 30 points,** ton profil est le **A.**
Si tu as entre **17 et 23 points,** ton profil est le **B.**
Si tu as entre **10 et 16 points,** ton profil est le **C.**

● Profil A

Tu as dû beaucoup étudié la planète garçons car tu sembles vraiment bien la connaître ! Tu comprends leurs différences et leurs subtilités. Tu sais que leur bande de copains est importante et qu'ils ne sont pas tous obsédés par les mini-jupes. Aucun doute, tu sais mettre tes connaissances à profit pour les faire fondre !

● Profil B

Tu comptes quelques garçons dans ton entourage et tu as donc un bon aperçu de leur mode de fonctionnement, mais cela n'empêche que tu ne comprends pas toujours leur langage et que tu peux avoir une vision un peu cliché de leur univers. Continue à explorer la planète garçons et tu finiras par t'y sentir à ton aise !

● Profil C

Les garçons viennent de Mars, et toi, tu n'as toujours pas obtenu de visa pour visiter cette étrange planète. Que veulent les garçons ? De quoi parlent-ils entre eux ? Quels sont leurs passe-temps préférés ? Autant de questions qui sont pour l'instant sans réponses pour toi. Il est temps de t'armer d'une loupe et d'une boussole et de partir en mission exploratrice avec l'esprit ouvert et un brin d'humour !

Questions de filles
(Anne-Sophie vous répond !)

Love, love... I'm in love ! | Mes ami(e)s pour la vie ! | En amour comme en amitié

Samedi dernier, je suis allée boire un café avec Clément pour la première fois mais, depuis, il ne m'a pas appelée et il semble m'éviter. Pourquoi ? (Charlotte, 16 ans)

Un premier rendez-vous est l'occasion de se découvrir, de tester ses sentiments pour savoir si on a envie d'aller plus loin. Il semblerait que la magie n'ait pas opéré pour Clément et qu'il ne soit pas sûr d'avoir envie de te revoir. Et s'il t'évite, c'est qu'il ne sait peut-être pas comment te le dire. Et même si c'est difficile à accepter, sache que tous les premiers rendez-vous ne se transforment pas forcément en histoire d'amour... Malheureusement !

J'ai l'impression d'avoir des sentiments pour un garçon de ma classe, même si je ne le trouve pas vraiment mignon. Comment est-ce possible ? (Maria, 14 ans)

L'amour a ses raisons que la raison ignore ! On peut éprouver des sentiments pour un garçon que l'on trouve vraiment trop intello ou dont on n'aime pas la coupe de cheveux. L'attirance ne s'explique pas uniquement par des critères physiques et, parfois, elle ne s'explique pas du tout ! Pense plutôt à ce qui te plaît chez lui et ne te soucie pas du reste.

Le meilleur copain de mon amoureux me drague lourdement derrière son dos. Que faire ? (Rosalie, 16 ans)

Tu pourrais lui dire d'arrêter mais cela jetterait certainement un froid entre vous. Évite d'en parler à ton amoureux, car cela le blesserait et il aurait l'impression d'avoir à choisir entre lui et toi. Règle le problème en te montrant aussi distante et glaciale avec lui que tu es proche et attentionnée avec ton petit copain. Il comprendra vite le message : il ne t'intéresse pas. Et en attendant, débrouille-toi pour ne jamais être seule avec lui. Mieux vaut ne pas tenter le diable !

VRAI ou FAUX ?

Vous croyez tout savoir de l'amour ? Prouvez-le en répondant à ces quelques questions…

1. En amour, mieux vaut laisser les garçons faire le premier pas.
   a. Vrai.
   b. Faux.

2. Il est possible d'entretenir une véritable amitié avec un garçon.
   a. Vrai.
   b. Faux.

3 Tous les garçons sont infidèles un jour ou l'autre.
a. Vrai.
b. Faux.

4 Les garçons ne souffrent pas des chagrins d'amour autant que les filles.
a. Vrai.
b. Faux.

5 Les garçons peuvent être aussi romantiques que les filles.
a. Vrai.
b. Faux.

6 Si je n'ai jamais eu de petit copain, c'est parce que je ne suis pas assez jolie.
a. Vrai.
b. Faux.

7 Embrasser est un don ! Soit on sait, soit on ne sait pas !
a. Vrai.
b. Faux.

8 La puberté est une période aussi difficile pour les garçons que pour les filles.
a. Vrai.
b. Faux.

9 Il est impossible d'aimer deux garçons à la fois.
a. Vrai.
b. Faux.

10 Il est tout à fait normal de mentir lors d'un premier rendez-vous amoureux.
a. Vrai.
b. Faux.

RÉPONSES

1) FAUX. Il n'y a pas de règles ! Si tu te sens prête à faire le premier pas vers un garçon qui te plaît, fonce ! Certains garçons sont très timides et n'osent pas aller vers les filles, alors autant leur faciliter la tâche.

2) VRAI. Bien sûr ! Même si les amitiés entre filles et celles entre filles et garçons sont souvent différentes, il est tout à fait possible d'entretenir une solide amitié avec un garçon, sans ambiguïté.

3) FAUX. Tous les garçons ne sont pas des coureurs de jupons ! Quand ils sont vraiment amoureux, ils n'ont d'yeux que pour leur belle, quelles que soient les tentations autour d'eux !

4) FAUX. Les garçons sont aussi sensibles que les filles et peuvent eux aussi avoir le cœur brisé. Ils ne le montrent peut-être pas de la même façon, mais ils n'en sont pas moins blessés !

5) VRAI. Même s'ils n'offrent pas de bouquets de roses rouges tous les jours, beaucoup de garçons sont au fond de grands romantiques qui rêvent tout comme les filles de rencontrer le grand amour !

6) FAUX. Et archi-faux ! Tous les goûts sont dans la nature et les garçons ne sont pas tous attirés par les filles taille mannequin. Alors, il y en a forcément qui te trouvent à croquer !

7) FAUX. Ce n'est pas parce que tu n'aimes pas la façon dont ton nouvel amoureux embrasse qu'il faut le quitter sur-le-champ. Les choses vont peut-être évoluer avec le temps, au fur et à mesure que vous vous habituez l'un à l'autre. C'est en forgeant qu'on devient forgeron !

8) VRAI. Certes ta poitrine pousse et tes premières règles font leur apparition, mais les garçons ne sont pas en reste avec leur voix qui mue et les poils qui les envahissent. Laisse donc les moqueries au vestiaire !

9) VRAI. Il est possible d'avoir des sentiments pour deux garçons à la fois, mais l'amour, le vrai, est indivisible ! Si tu as l'impression d'aimer deux garçons à la fois, c'est certainement que tu n'en aimes aucun !

10) FAUX. Tu n'es pas obligée de dévoiler tous tes défauts et il n'y a vraiment pas de mal à enjoliver légèrement la vérité, mais mentir sur ton âge, sur ton adresse ou autre n'est pas une bonne idée, car tu finiras toujours par être démasquée !

Mes ami(e)s pour la vie !

Mais aucun garçon ne vaut une véritable amie ! Et entre fous rires et confidences se glissent parfois quelques prises de bec et malentendus, car les filles aussi peuvent être difficiles à décrypter. Heureusement que l'on t'a concocté ces quelques tests, pour que tes amitiés non plus n'aient plus de secret pour toi !

Miss Jusquauboutdesongles ou Miss Unpeudanslombre ?

Connais-tu bien ta meilleure amie ?

1 Si on te posait une question sur les ex-petits copains de Jade, ta meilleure amie :

a. Tu serais capable de donner le nom de famille et le signe astrologique de chacun d'entre eux.

b. Tu te souviens bien de ceux qui ont vraiment compté pour elle.

c. Thomas, le dernier en date, tu connais. Mais les autres…

2 Tu as offert un collier à Jade pour son anniversaire :

a. Tu l'as vue le porter quelques fois.

b. Et depuis, elle le porte tous les jours.

c. Elle l'a tout de suite mis le jour de son anniversaire, mais il n'est pas réapparu depuis.

3 Clément, un garçon de ta classe, t'avoue être amoureux de Jade et te demande son numéro. Tu le lui donnes car…

a. Elle est célibataire, alors pourquoi pas ?

b. Tu sais immédiatement que Jade va l'adorer.

c. En général, elle aime bien les grands bruns.

4 Sans réfléchir ni regarder sur une photo, quelle est la couleur des yeux de Jade ?

a. Euh, marron clair, tu crois.

b. Ils sont bleus. Non, verts. À moins qu'ils ne soient marron ?

c. Facile, ils sont verts bien sûr !

5 Quand Jade n'a pas le moral...

a. Tu sais tout de suite ce qui lui pèse sur le cœur.

b. Tu imagines qu'elle vient de se fâcher avec ses parents.

c. Tu dois mener un véritable interrogatoire avant de savoir ce qui ne va pas.

6 Sais-tu quel est son rêve pour l'avenir ?

a. Pas vraiment. Mais tu sais qu'elle n'aime pas les maths !

b. Mmm, elle te dit parfois qu'elle aimerait travailler dans le milieu artistique.

c. Bien sûr. Elle aimerait partir un an à Londres avant de commencer ses études de journalisme.

7 Avant toi, la meilleure amie de Jade était :

a. Son amie d'enfance, qu'elle connaissait depuis la maternelle. Mais elle a déménagé dans le Sud en primaire.

b. Comment cela, il y en avait une autre avant toi ?

c. Elle avait une meilleure amie en primaire, mais tu ne sais pas pourquoi elle ne la voit plus.

8 Jade t'invite chez elle pour regarder un film. Toi, tu es chargée d'apporter les bonbons :

a. Tu te souviens de ce qu'elle avait apporté chez toi la dernière fois et tu achètes la même chose.

b. Sans hésitation, tu choisis des M&M's car elle adore ça !

c. Tu lui passes un coup de fil du supermarché pour savoir ce dont elle a envie.

9 Jade t'appelle en panique avant un rendez-vous amoureux car elle ne sait pas quoi mettre. Tu lui réponds :

a. « Euh, tu as bien une jolie robe qui fera l'affaire, non ? »

b. « Et pourquoi pas la jupe qu'on a achetée ensemble samedi dernier ? »

c. « Sans aucun doute, ton petit haut bleu, il met tes yeux en valeur ! »

10 Que sais-tu sur la famille de Jade ?

a. Tout ce qu'il y a à savoir ! Tu fais pratiquement partie de la famille !

b. Les professions de ses parents ainsi que la date d'anniversaire de son frère.

c. Tu sais qu'elle a un grand frère qui est en terminale.

Et maintenant, compte tes points en t'aidant du tableau ci-dessous :

	1	2	3	4	5	6	7	8	9	10
a	3	2	1	2	3	1	3	2	1	3
b	2	3	3	1	2	2	1	3	2	1
c	1	1	2	3	1	3	2	1	3	2

Si tu as entre **24 et 30 points,** ton profil est le **A.**
Si tu as entre **17 et 23 points,** ton profil est le **B.**
Si tu as entre **10 et 16 points,** ton profil est le **C.**

● Profil A

Ta meilleure amie, tu la connais par cœur ! Ses goûts, ses petits défauts, ses rêves, ses envies, rien de tout cela n'a de secret pour toi. Tu la découvres un peu plus au fil des années et tu peux désormais lire en elle comme dans un livre ouvert. Et si tu lui faisais faire ce test pour savoir si elle te connaît aussi bien que tu la connais ?

● Profil B

Tu connais ta meilleure amie assez bien. Tu penses connaître ses goûts en matière de garçons comme de sucreries, mais tu ne pourrais pas en mettre ta main au feu. Tu as parfois du mal à lire dans ses pensées et tu as encore beaucoup de choses à apprendre à son sujet. Pourquoi ne pas lui demander quel est son film préféré ou son pire cauchemar ?

● Profil C

Es-tu bien sûre que cette fille est ta meilleure amie ? Car il semble que tu la connaisses aussi bien qu'une vague copine. À moins que tu n'aies une mémoire de poisson rouge et que tu ne sois bien incapable de retenir le nom de son premier amoureux ou la profession de ses parents. Dans tous les cas, il serait temps de l'inviter à prendre un thé et de lui demander de te parler un peu plus d'elle !

…u Miss Surtoutpouraujourdhui ?

Miss Amiepourlavie

Votre amitié va-t-elle durer ?

1 En dehors du lycée, tu vois Agathe :

a. Presque tous les samedis, pour une séance ciné ou faire du shopping.
b. À vos cours de natation.
c. Rarement.

2 Avez-vous des amies en commun ?

a. Non, pas vraiment.
b. Bien sûr, vous faites partie de la même bande de copines.
c. Quelques-unes.

3 Le truc qui t'énerve le plus chez elle :

a. Elle est vraiment très bavarde !
b. Elle a tendance à t'abandonner dès qu'elle a un nouvel amoureux.
c. Elle est ultra-jolie et ne s'en rend même pas compte.

4 Zoé et toi venez de vous disputer. Vous vous rabibochez…

a. Le lendemain, après vous être expliquées.
b. Au bout d'une heure, comme si de rien n'était.
c. En cours de maths, parce que vous êtes assises côte à côte.

5 Zoé souhaite emprunter ton joli bracelet :

a. Pas question, tu as bien trop peur qu'elle ne le perde !
b. Aucun problème ! Vous vous prêtez toujours vos affaires.
c. Tu veux bien le lui prêter, mais insistes pour qu'elle te le rende rapidement.

6 Agathe part en Angleterre pendant un mois cet été :

a. Vous vous envoyez régulièrement des e-mails.
b. Vous organisez une grosse séance de « rattrapage » dès son retour.
c. Bon, tu la verras à la rentrée, en attendant tu as d'autres copines avec qui sortir cet été.

7 Quand vous parlez de vos projets pour le futur, vous remarquez...

a. Que vous avez envie des mêmes choses et que vous suivrez certainement les mêmes études.
b. Que vos chemins vont probablement se séparer après le lycée.
c. Qu'avec un peu de chance vous allez vivre dans la même ville pendant encore des années.

8 Vous avez rendez-vous au ciné. Elle souhaite voir un film d'auteur et toi, une comédie romantique. Que faites-vous ?

a. Vous sortez une pièce de monnaie tirez à pile ou face pour laisser le sort en décider.
b. Vous débattez encore sur le sujet quand les films ont déjà commencé.
c. Facile ! Vous décidez de voir l'un aujourd'hui et l'autre samedi prochain.

9 Zoé est malade le jour de la sortie scolaire. Tu te sens :

a. Seule. C'est vraiment moins drôle sans elle !
b. Un peu triste, mais cela ne t'empêche pas de t'amuser.
c. Presque soulagée. Ça te donne l'occasion de te faire de nouvelles copines.

10 Agathe et toi devez travailler ensemble sur un exposé pour le cours d'histoire :

a. Vous avez du mal à vous organiser et rendez votre exposé en retard.
b. Vous ne parvenez jamais à vous mettre d'accord et finissez votre moitié chacune dans votre coin.
c. Vous rendez votre exposé en temps et en heure et recevez une très bonne note.

Et maintenant, compte tes points en t'aidant du tableau ci-dessous :

	1	2	3	4	5	6	7	8	9	10
a	3	1	2	2	1	3	3	2	3	2
b	2	3	1	3	3	2	1	1	2	1
c	1	2	3	1	2	1	2	3	1	3

Si tu as entre **24 et 30 points,** ton profil est le **A.**
Si tu as entre **17 et 23 points,** ton profil est le **B.**
Si tu as entre **10 et 16 points,** ton profil est le **C.**

● Profil A

Une amitié aussi solide que la vôtre ne peut être faite que pour durer ! Les liens qui vous unissent sont forts et ils ne sont pas près de se délier, même après le lycée. Vous avez des tas de choses en commun, vous vous faites confiance et êtes capables de faire des concessions pour maintenir votre amitié. Et même si vous êtes séparées pendant l'été, rien ne change entre vous. Bravo, quelle belle amitié !

● Profil B

Vous avez une belle amitié qui ne demande qu'à évoluer et prospérer. Cela dit, elle mérite d'être nourrie et entretenue si tu souhaites garder cette amie pendant les années à venir. Il vous faudra faire preuve d'ouverture d'esprit, être à l'écoute l'une de l'autre et toujours faire en sorte de trouver le temps de partager ensemble de bons moments !

● Profil C

Toutes les amitiés ne sont pas faites pour durer toute une vie, et il semblerait que ce soit le cas de celle-ci. Ton amie et toi êtes assez différentes et avancez dans des directions opposées, ce qui laisse à penser que votre amitié ne tiendra peut-être pas la distance. Mais ne te préoccupe pas trop du futur et profite de ton amie dans le moment présent !

Entretenir une belle amitié

MA MEILLEURE COPINE JEANNE ET MOI, ON S'AIME BEAUCOUP, MÊME SI ON TRAVERSE PARFOIS QUELQUES PÉRIODES DE CRISE. MAIS COMME ON AIMERAIT VRAIMENT ÊTRE MEILLEURES AMIES POUR LA VIE, VOICI LE PACTE D'AMITIÉ QUE L'ON A FAIT POUR ENTRETENIR NOTRE BELLE RELATION :

Posté le mardi 16 mai, à 19 h 32

- **Être sincère, toujours.** Si l'une de ses remarques me blesse, je dois le lui dire immédiatement, plutôt qu'y repenser sans arrêt et lui en vouloir.
- **Non à la compétition !** Peu importe qui a des meilleures notes, des chaussures de marque ou le plus bel amoureux. Une véritable amitié n'est pas un concours, alors rien ne sert de se comparer, on a chacune nos atouts !
- **Et par conséquent, interdiction d'être jalouse.** Même si elle commence à sortir avec le beau Hugo alors que je suis encore célibataire, je dois être ravie pour elle plutôt qu'envier son bonheur.
- **Être là dans les bons et les mauvais moments.** Je serai toujours là pour elle (et elle pour moi) dans les moments difficiles, quand elle est privée de sorties pendant un mois ou qu'elle a besoin de se confier après s'être disputée avec son frère.
- **Respecter ses différences.** Elle est plus timide que moi, mais ce n'est pas une raison pour la charrier chaque fois qu'elle rougit ! De la même manière, elle ne se moque pas de ma passion pour le reggae alors qu'elle est fan de pop !
- **Apprendre à pardonner.** Dans une amitié de longue durée, il y aura toujours des mots déplacés. Mieux vaut savoir faire table rase du passé et aller de l'avant. Sinon, on risque de se retrouver aigries et de ne plus avoir envie de se parler…

Voilà, c'est déjà un bon début, vous ne trouvez pas ?

Miss Tousavecmoi ou Miss Jerestederrièretoi ?

Quelle place occupes-tu dans ta bande de copines ?

1 En général, quand tu achètes un nouveau gloss rose bonbon...

a. C'est que tu l'avais repéré sur Louise.

b. Tes copines arrivent au lycée avec le même gloss le lendemain.

c. C'est qu'il te plaît, un point c'est tout !

2 Tes copines ont décidé d'aller au ciné voir un film que tu as déjà vu :

a. Tu décides d'en profiter pour aller faire du shopping.

b. Tu les convaincs d'aller en voir un autre.

c. Tant pis, tu le verras une seconde fois !

3 Lequel de ces adjectifs te définit le mieux ?

a. Extravertie.

b. Timide.

c. Indépendante.

4 Tes copines te demandent ton avis sur leurs problèmes :

a. Tous les jours !

b. Rarement.

c. De temps en temps.

5 Morgane te fait une remarque un peu trop directe devant toute la bande :

a. Tu préfères ne pas relever et changes de sujet.

b. Tu lui dis que tu aurais préféré qu'elle t'en parle en privé.

c. Tu lui lances une réplique bien sentie.

6 Quand il y a un secret dans la bande, tu es souvent :

a. La première à le savoir.

b. La dernière à le savoir.

c. Au courant à un moment ou à un autre.

7 Tes copines pourraient te reprocher de...

a. Faire parfois ta vie de ton côté.

b. Toujours compter sur elles.

c. Monopoliser la conversation.

8 Vous avez prévu une soirée pyjama entre filles, mais tu es privée de sortie ce week-end :

a. La soirée se fera donc sans toi. Dommage !

b. Les filles décident d'aller au ciné à la place et de reporter la soirée à plus tard.

c. Qu'à cela ne tienne, les filles annulent tout et repoussent la soirée à samedi prochain.

9 Vous êtes invitées à la fête de David et souhaitez lui offrir un cadeau commun. Tu te charges :

a. De trouver l'idée du cadeau.

b. De rassembler l'argent et d'aller l'acheter.

c. D'acheter une carte d'anniversaire pour l'accompagner.

10 L'opinion de tes copines compte-t-elle pour toi ?

a. Oui, mais tu ne les écoutes pas tout le temps !

b. Un peu, mais tu fais toujours ce qui te chante.

c. Énormément. Tu ne sais pas ce que tu ferais sans elles !

Et maintenant, compte tes points en t'aidant du tableau ci-dessous :

	1	2	3	4	5	6	7	8	9	10
a	1	2	3	3	1	3	2	1	3	2
b	3	3	1	1	2	1	1	2	2	3
c	2	1	2	2	3	2	3	3	1	1

Si tu as entre **24 et 30 points,** ton profil est le **A.**
Si tu as entre **17 et 23 points,** ton profil est le **B.**
Si tu as entre **10 et 16 points,** ton profil est le **C.**

● Profil A

Tu as une personnalité extravertie et l'esprit d'un chef de file. Dans ta bande, tu es la meneuse, ton opinion compte beaucoup et tu te demandes parfois ce que tes copines feraient sans toi. Cependant, ce n'est pas une raison pour être autoritaire et faire la loi dans votre petit groupe. N'oublie pas les copines un peu plus effacées et laisse-leur la possibilité de s'affirmer au sein de votre bande !

● Profil B

Ni meneuse ni suiveuse, tu tiens à ton indépendance et ne te soucies pas vraiment de ta place dans la bande. Tu aimes beaucoup tes copines, mais n'hésites pas à faire des choses sans elles et tu ne te préoccupes pas de savoir si elles vont aimer ta nouvelle coupe de cheveux. Pour toi, vous êtes toutes au même niveau et avez toutes des caractères différents, ainsi que des qualités et des défauts !

● Profil C

Tu es plutôt timide et as tendance à être une suiveuse dans la bande. Tu n'es pas de celles qui savent motiver les troupes ou faire rire l'assemblée mais tu as d'autres qualités très appréciées, comme l'écoute et l'esprit d'équipe. N'oublie pas cependant de t'affirmer ! Tes copines ne t'apprécieront pas moins si tu oses dire ce que tu penses ou suggères une idée d'activité pour samedi. Ton opinion compte autant que les leurs !

Miss Bonnecopine ou Miss Verybestfriend ?

Évalue tes amitiés

1 Si tu appelais Zoé pour lui demander un grand service :

a. Elle dirait oui sans hésitation.

b. Elle le ferait sans doute, mais attendrait que tu lui renvoies la pareille rapidement.

c. Elle balbutierait certainement une excuse, à moins d'accepter en rechignant.

2 Adrien, ton petit copain, s'entend très bien avec ta copine Célia :

a. Tu gardes un œil attentif sur eux, on ne sait jamais…

b. Génial ! Tu ne pouvais pas souhaiter mieux.

c. C'est plutôt sympa, tant que leur relation reste purement amicale.

3 Quand vous faites les boutiques ensemble, Célia…

a. N'hésite pas à aller te chercher la taille en dessous quand tu es en cabine.

b. Te pousse toujours à faire des folies.

c. Se montre toujours très honnête si quelque chose ne te va pas.

4 Tu vois Zoé en tête à tête :

a. Très souvent.

b. Parfois.

c. Rarement, vous vous voyez plutôt au sein de votre bande de copines.

5 Tu es folle amoureuse de Mattéo et tu as envie de le crier sur les toits. Tu en parles à Célia :

a. En premier. Sans lésiner sur les détails.
b. Quand l'occasion se présente, sans en faire une montagne.
c. Une fois que tu sais que tes sentiments sont partagés.

6 Tu organises une fête chez toi. Zoé participe en t'aidant à :

a. Mettre de l'ambiance sur la piste de danse.
b. Cuisiner quelques gâteaux pour le buffet.
c. Ranger après la fête, avec quelques autres copines.

7 Entre vous, les sujets de conversation « sérieux », sur l'avenir, vos familles, vos chagrins...

a. Sont abordés de temps en temps, mais de manière superficielle.
b. Ont autant d'importance que les sujets plus futiles.
c. N'ont pas vraiment lieu d'être. Vous préférez vous amuser avant tout !

8 Tu connais Célia depuis :

a. Moins de trois mois.
b. Plus de six mois.
c. Plus d'un an.

9 Après ta rupture avec Adrien, tu as le moral dans les chaussettes. Zoé...

a. Te rappelle que tu es jolie, drôle et intelligente, et qu'il ne sait pas ce qu'il perd !
b. Te réconforte avec un : « Pfff, les mecs, tous les mêmes ! »
c. Te dit que tu ne devrais pas passer autant de temps à t'apitoyer sur ton sort. Tu rencontreras peut-être un autre garçon à la soirée de samedi !

10 Après le lycée, crois-tu que Zoé et toi resterez amies ?

a. Tu n'en as aucune idée. Quelle question !
b. Oui, c'est évident !
c. Sûrement… Mais qui peut prédire l'avenir !

Et maintenant, compte tes points en t'aidant du tableau ci-dessous :

	1	2	3	4	5	6	7	8	9	10
a	1	3	2	1	1	3	2	3	1	3
b	2	1	3	2	3	1	1	2	2	1
c	3	2	1	3	2	2	3	1	3	2

Si tu as entre **24 et 30 points,** ton profil est le **A.**
Si tu as entre **17 et 23 points,** ton profil est le **B.**
Si tu as entre **10 et 16 points,** ton profil est le **C.**

● Profil A

Vous passez de bons moments ensemble et vous entendez bien, mais votre relation reste superficielle. Cette fille est une simple copine avec qui tu peux t'amuser et papoter mais sur qui tu ne peux pas forcément compter quand tu as besoin d'aide. Sache qu'il est tout à fait normal d'avoir des copines de ce genre, elles ne peuvent pas toutes être de très bonnes amies, alors apprécie votre relation pour ce qu'elle est !

● Profil B

Votre relation est spéciale, et cette fille est une vraie bonne copine. Vous partagez bien plus que quelques ragots à la récré et tu es ravie de l'avoir rencontrée. Mais pour le moment elle n'est pas vraiment une grande amie. Tu n'es pas prête à lui raconter toutes tes histoires et elle n'accourt pas non plus à ton secours dès que tu en as besoin, même si tu sais que tu peux en général compter sur elle. Et c'est déjà plutôt bien !

● Profil C

C'est une véritable amie ! Une vraie de vraie, qui se mettrait en quatre pour te rendre service et répond toujours présente à l'appel. Tu peux avoir toute confiance en elle car tu sais qu'elle sera toujours honnête envers toi et n'essaiera jamais de draguer ton petit copain. Les amies comme celle-ci sont rares, alors chéris-la et n'oublie pas de lui dire à quel point votre précieuse amitié compte pour toi !

Miss Pourlemeilleuretpourlepire ou Miss Surtoutpourrire ?

Comment conçois-tu l'amitié ?

1 Ton père fête ses 50 ans et te propose d'inviter Zoé, ta meilleure copine :

a. Super, tu pourras la présenter à tes cousines !

b. Super, tu n'imaginais pas faire la fête sans elle !

c. Super, tu n'avais pas envie d'être séparée d'elle tout le week-end !

2 Pour toi, l'amitié est synonyme de :

a. Fraternité.

b. Amour.

c. Camaraderie.

3 Ta copine Zoé sort avec Clément depuis trois semaines :

a. Tu es triste qu'elle passe moins de temps avec toi à la récré.

b. Tu insistes pour qu'elle présente Clément à toute la bande.

c. Tu es heureuse pour elle, mais tu es aussi un peu jalouse de Clément qui a désormais Zoé pour lui tout seul.

4 Parmi les trois citations suivantes, laquelle te correspond le mieux ?

a. *« Si l'amitié ce n'est pas de partager tous les délires, alors c'est quoi, on se demande ? »* (Marc Levy)

b. *« L'amitié est l'union de deux personnes liées par un amour et un respect égaux et réciproques. »* (Emmanuel Kant)

c. *« L'amitié, ce n'est pas d'être avec ses amis quand ils ont raison, c'est d'être avec eux même quand ils ont tort. »* (André Malraux)

5 Et parmi celles-ci ?

a. *« Un ami, rien qu'un ami, c'est aussi précieux qu'une vie. »* (Georges Bernanos)

b. *« L'amour, l'amitié, c'est surtout rire avec l'autre, c'est partager le rire que de s'aimer. »* (Arletty)

c. *« Le bonheur d'un ami nous enchante. Il nous ajoute. Il n'ôte rien. Si l'amitié s'en offense, elle n'est pas. »* (Jean Cocteau)

6 Quand tu penses à tes amies, tu penses surtout...

a. Aux secrets intimes que vous partagez.

b. Aux soirées géniales que vous organisez.

c. À tout ce qui vous unit.

7 Tu considères ta meilleure amie comme :

a. La fille la plus sympa de la planète.

b. Une sœur.

c. Ton âme sœur.

8 Quelle est la pire chose qu'une amie pourrait te faire :

a. Ne t'appeler que quand elle a besoin de toi.

b. Ne pas avoir une confiance infinie en toi.

c. T'exclure de certains aspects de sa vie.

9 Et la plus belle :

a. T'aimer telle que tu es.

b. Te dire qu'elle ne pourrait pas vivre sans toi.

c. Te faire rire.

10 Quand Zoé a un gros chagrin, tu...

a. Souffres autant qu'elle.

b. Cherches à la divertir.

c. Rassembles la bande pour que vous soyez toutes là pour la consoler.

Et maintenant, compte tes points en t'aidant du tableau ci-dessous :

	1	2	3	4	5	6	7	8	9	10
a	2	2	3	3	1	1	3	3	2	1
b	3	1	2	1	3	3	2	1	1	3
c	1	3	1	2	2	2	1	2	3	2

Si tu as entre **24 et 30 points,** ton profil est le **A.**
Si tu as entre **17 et 23 points,** ton profil est le **B.**
Si tu as entre **10 et 16 points,** ton profil est le **C.**

● Profil A

Tes amitiés sont établies sur la complicité, le rire et la fête. Tu ne prends pas tes relations trop au sérieux et profites de vos merveilleux moments de bonheur, sans te soucier du reste. Au sein de ta bande, tu souhaites surtout t'amuser, partager vos petites folies et apprécier la joie de vivre ambiante. N'oublie pas tout de même d'être présente quand tes amies ont besoin de toi. Même si c'est moins drôle, c'est aussi ça l'amitié !

● Profil B

Tes amies sont une véritable famille pour toi. Vous partagez vos coups de cœur comme vos coups de bourdon, vos rires comme vos pleurs et chacune d'entre vous participe au joyeux équilibre de la bande. Tu les aimes telles qu'elles sont, avec leurs qualités et leurs défauts, comme tu aimerais des sœurs. Ne laisse quand même pas trop de côté ton autre famille !

● Profil C

Pour toi, l'amitié est passionnée et inconditionnelle. C'est un sentiment profond et intense que tu prends très au sérieux et tu attends la même chose de tes amies en retour. Chaque écart de leur part te semble comme une trahison qui te fait souffrir énormément. À ton âge, il est tout à fait normal d'éprouver des sentiments aussi vifs pour tes amies, mais sache que les amitiés trop excessives peuvent être difficiles à vivre à la longue !

Miss Àlimproviste ou Miss Unpeutropstricte ?

Sais-tu organiser une super soirée ?

1 À ta prochaine fête, tu comptes inviter :

a. À peu près autant de filles que de garçons.
b. Uniquement tes copines.
c. Tous ceux qui veulent venir.

2 La date est fixée. Tu lances les invitations...

a. Deux jours avant, en faisant une annonce en classe.
b. Deux mois avant, sur des jolis cartons écrits à la main avec un stylo de calligraphie.
c. Trois semaines avant, par e-mail.

3 Tes parents ont demandé que personne ne fume et qu'aucun alcool ne soit consommé :

a. Tu fais passer le message à tous les invités, avant la fête.
b. Tu fais comme si de rien n'était quand Clément sort une bouteille de vodka de son sac.
c. Tu précises sur l'invitation que quiconque désobéit sera expulsé de la soirée immédiatement.

4 Pour la musique tu choisis :

a. De laisser la radio faire le DJ.
b. Un mix de tous les genres, pour faire plaisir au plus grand nombre.
c. Toutes tes chansons préférées, et uniquement tes chansons préférées.

5 Toute l'équipe de foot de Simon, ton camarade de classe, arrive à l'improviste :

a. Tu leur expliques gentiment que ta fête affiche déjà complet.

b. Comment osent-ils venir sans être invités ? Tu les fais décamper sur-le-champ.

c. Qu'ils entrent ! Plus on est de fous, plus on rit !

6 À ta soirée, tu refuses d'inviter :

a. Toutes les jolies filles qui n'ont pas de petit copain.

b. Les copains ultra-geek de ton frère.

c. L'ex de Noah, ton amoureux. Tu n'as pas envie qu'elle pique une crise et gâche la soirée !

7 Tu demandes à tes amis de participer au buffet. Tu précises à chacun(e) :

a. Le type exact de boissons ou de bonbons qu'il ou elle doit apporter.

b. S'il ou elle doit acheter une boisson ou bien quelque chose à grignoter.

c. D'apporter ce qu'il ou elle aime, quitte à te retrouver avec 12 bouteilles de soda et rien à manger !

8 Axel et Léa sont en train de s'embrasser goulûment sur le dance-floor :

a. Tant mieux ! C'est fait pour ça aussi, les fêtes !

b. Tu leur proposes d'aller dans le bureau de ton père pour être plus tranquilles.

c. Tu leur demandes de mieux se tenir.

9 À la fin de la soirée :

a. Tu laisses le salon en bazar. Tes parents t'aideront bien à ranger demain !

b. Tu demandes à quelques copines de te donner un coup de main avant de partir.

c. Tu exiges que chaque invité participe au rangement avant de quitter les lieux.

10 Et le lundi suivant, au lycée :

a. Personne ne parle de ta fête. En tout cas, pas devant toi.

b. Tes copines t'annoncent qu'elles sont toutes privées de sortie après les « débordements » de samedi soir.

c. Tous tes invités te remercient pour ta super fête !

Et maintenant, compte tes points en t'aidant du tableau ci-dessous :

	1	2	3	4	5	6	7	8	9	10
a	2	1	2	1	2	3	3	2	1	3
b	3	3	1	2	3	2	2	1	2	1
c	1	2	3	3	1	1	1	3	3	2

Si tu as entre **24 et 30 points,** ton profil est le **A.**
Si tu as entre **17 et 23 points,** ton profil est le **B.**
Si tu as entre **10 et 16 points,** ton profil est le **C.**

● Profil A

Tu as dû confondre ta soirée avec un camp militaire ! Être organisée et prévoyante, c'est bon pour le déroulement de ta fête, mais être trop rigide et stricte risque de nuire grandement à l'ambiance ! Ne te prends pas autant au sérieux et laisse chacun de tes invités apporter sa touche personnelle à la soirée au lieu d'essayer de tout contrôler !

● Profil B

Tu es la reine de l'organisation et tes copains adorent venir à tes soirées car elles sont toujours ultra-réussies ! Tu connais les ingrédients d'une fête d'enfer : tu n'oublies pas d'inviter les garçons, sans qui les filles s'ennuieraient, et tu t'assures que les goûts de chacun soient respectés, autant pour la musique que pour les sucreries. Tu sais t'amuser tout en respectant les règles de rigueur de toute soirée. Bravo !

● Profil C

Pour toi, faire la fête rime avec laisser-faire. Tu penses que tes invités s'amuseront mieux si tu fais preuve de spontanéité, et qu'ils peuvent faire tout ce qu'ils veulent. Mais quand vous vous retrouvez sans boissons, avec 20 personnes de plus que prévu et que la radio passe de la pub toutes les cinq minutes, ta soirée tourne vite au vinaigre. Va faire un tour à la page suivante pour apprendre à organiser une fête réussie !

Le forum de Miss Party

Je fête mes 15 ans dans trois semaines et mes parents m'ont donné l'autorisation d'organiser une fête à la maison. Les préparatifs commencent, mais j'ai vraiment besoin de conseils pour que ma soirée soit inoubliable !

Ceriseverte, 14 ans — Vendredi à 15 h 32

Le plus important, c'est la liste des invités ! Essaie d'équilibrer entre les filles et les garçons et oublie les empêcheurs de tourner en rond ou les vraies pimbêches qui risquent de plomber l'ambiance !

Fleur45, 16 ans — Vendredi à 15 h 37

N'oublie pas que, quand on danse, l'appétit et la soif décuplent ! Alors autant prévoir large question boissons et sucreries. Quitte à offrir les restes aux derniers partants pour que rien ne soit gâché !

Serena, 13 ans — Vendredi à 15 h 43

Oui, très bonne idée ! À la fête de ma cousine, au bout de deux heures il ne restait plus de soda ni de jus de fruits. La vraie cata !

Lasardine, 14 ans — Vendredi à 15 h 49

Moi je trouve que le choix de la musique est crucial. Avec un bon DJ, les gens dansent plus, s'amusent plus et ta fête sera une réussite garantie !

Ceriseverte — Vendredi à 16 h 00

Tout à fait d'accord. Il faut qu'il y en ait pour tous les goûts. Quand tu crées ta playlist, choisis quatre ou cinq chansons d'un genre, puis passe à un autre. Cela te donnera un quart d'heure de rock, puis un quart d'heure de R'n'B, suivi de quinze minutes de slows… Comme ça tu fais plaisir à tout le monde !

Fleur45 — Vendredi à 16 h 03

Quinze minutes pour les slows, ça ne fait pas beaucoup, non ?

Ceriseverte — Vendredi à 16 h 11

Mais si, c'est amplement suffisant ! Car sinon, l'ambiance risque de retomber comme un soufflé. Et puis, c'est bien assez long pour ceux qui n'ont pas d'amoureux ou simplement pas de partenaire de danse !

Chouchoute — Vendredi à 16 h 29

Tant qu'on parle de danse… pense à l'éclairage ! Les gens aiment moins danser en plein jour. Ferme tous les volets et loue un jeu de lumières, comme dans les boîtes de nuit. Ça marche à tous les coups !

Lasardine — Vendredi à 16 h 32

Tiens, j'ai une autre idée pour éviter tout dérapage : ferme bien les portes des autres pièces de la maison. À ma dernière fête, quelques malins sont entrés dans la chambre de mon frère, qui n'a pas apprécié du tout !

Pinklady, 16 ans — Vendredi à 16 h 36

Et même si ce n'est pas toujours drôle, respecte les règles imposées par tes parents ! Car s'ils attrapent quelqu'un en train de boire de l'alcool ou de fumer une cigarette dans leur jardin, ta fête risque bien d'être la dernière !

Sais-tu t'adapter à un groupe ?

1 Pour votre prochaine sortie entre filles, tu proposes un concert de rap. Mais tes copines n'ont pas l'air partantes :

a. Pas de problème ! C'était juste une idée en l'air.
b. Tu essaies de les convaincre et, si rien n'y fait, tu leur demandes si elles ont d'autres suggestions.
c. Elles ne savent pas ce qu'elles perdent, tu iras sans elles !

2 Toute ta famille part en vacances dans une maison au bord de la mer :

a. Génial, tu vas pouvoir sortir avec tes cousines !
b. Mmm, tu espères que tu auras une chambre pour toi toute seule.
c. Tu te proposes pour garder les petits quand les parents seront de sortie.

3 L'une des qualités les plus importantes au sein d'une bande de copines :

a. L'écoute.
b. Savoir faire des concessions.
c. L'affirmation de soi.

4 Et le pire défaut :

a. Toujours vouloir avoir raison.
b. Trop se laisser influencer.
c. L'égoïsme.

5 Dans ton lycée, une bande de copines s'habillent dans le même style. Tu trouves que c'est...

a. Ridicule ! Ont-elles laissé leur personnalité au placard ?

b. Plutôt logique, si elles sont copines, qu'elles aient des goûts similaires.

c. Normal d'être influencée par ses amies.

6 Tu dois travailler sur un exposé de français avec trois autres camarades de classe :

a. Tu proposes de prendre en charge la première partie et pars travailler dans ton coin.

b. Tu es prête à t'occuper de la partie dont personne ne veut.

c. Tu suggères de se répartir les tâches et de se réunir en groupe pour tout rassembler et finir l'exposé.

7 Quand tu es avec tes copines, tu as parfois l'impression :

a. D'être vraiment chanceuse de les avoir.

b. D'étouffer.

c. De ne pas exister.

8 Tu dînes dans une pizzeria avec tes parents. Ils proposent de commander différentes pizzas et de partager :

a. Super idée ! Cela te permettra de goûter un peu à tout !

b. Très bien, ça t'évite d'avoir à choisir parmi toutes les options du menu !

c. Sans façon ! Tu préfères commander ta pizza préférée pour toi toute seule !

9 Dans ton cours de théâtre vient le moment de distribuer les rôles pour la pièce de fin d'année. Tu rêves du rôle principal et, pour l'obtenir, tu...

a. Expliques au professeur de théâtre que c'est le seul rôle qui t'intéresse.

b. Croises les doigts bien fort, en espérant que ton talent sera reconnu.

c. Essaies de convaincre la prof de théâtre que le rôle serait parfait pour toi.

10 Tu vas au ciné avec ta bande de copines. Comment, selon toi, devez-vous décider du film que vous allez voir ?

a. Peu t'importe ! Ce qui compte c'est de passer un bon après-midi entre filles !

b. Par vote à main levée.

c. Facile ! Tu as lu toutes les critiques des films à l'affiche, tu sais donc quel est le meilleur !

Et maintenant, compte tes points en t'aidant du tableau ci-dessous :

	1	2	3	4	5	6	7	8	9	10
a	1	2	2	1	3	3	2	2	3	1
b	2	3	1	3	2	1	3	1	1	2
c	3	1	3	2	1	2	1	3	2	3

Si tu as entre **24 et 30 points,** ton profil est le **A.**
Si tu as entre **17 et 23 points,** ton profil est le **B.**
Si tu as entre **10 et 16 points,** ton profil est le **C.**

● Profil A

Tu es un brin rebelle et indépendante dans l'âme, tu ne réussis donc pas toujours à bien t'adapter aux groupes, que ce soit ta bande de copines, ta classe ou même ta famille. Tu as des idées bien arrêtées et n'as pas l'intention d'en changer pour faire plaisir à qui que ce soit. Bravo à toi d'être si affirmée, mais sache qu'il faut parfois apprendre à mettre de l'eau dans son vin pour bien vivre en communauté !

● Profil B

Tu sais très bien t'adapter à un groupe. Tu fais preuve de tolérance, d'écoute mais n'hésites pas non plus à faire entendre ta voix. Quelle que soit la situation, tu sais faire des compromis ou trouver des solutions pour mettre tout le monde d'accord sans faire une croix sur tes propres envies. En bref, tu es capable de trouver le juste équilibre au sein de n'importe quel groupe. Bravo !

● Profil C

T'adapter à un groupe, tu en es plus que capable. Un peu trop même, car tu as tendance à t'effacer pour arrondir les angles et faire plaisir aux autres. Pour ne pas créer d'histoire, tu préfères te montrer d'accord sur tout et placer les désirs des autres avant les tiens. Attention, il y a une vraie différence entre s'adapter et se laisser influencer !

Miss Unbrinsauvage ou Miss Pasfarouchepourunsou ?

Sais-tu te faire de nouvelles amies ?

1 Il y a une nouvelle dans ta classe :

a. Tu proposes illico de lui faire visiter le lycée.

b. Tu l'accueilles ouvertement si elle vient vers toi.

c. Elle n'a pas intérêt à venir s'incruster dans ta bande !

2 Toi et ta famille, vous avez déménagé :

a. Jamais. Tu vis dans le même quartier depuis que tu es née.

b. Trois fois.

c. Une fois.

3 Au lycée, une inconnue t'aborde pour te dire qu'elle aime beaucoup tes chaussures :

a. Tu lui dis où tu les as achetées, puis lui fais signe chaque fois que tu la croises.

b. Tu balbuties un « euh, merci » et passes ton chemin.

c. Tu t'arrêtes pour discuter avec elle. Cinq minutes après, vous avez échangé tous vos bons plans mode.

4 Tu as tendance à te faire des amies :

a. Partout où tu vas.

b. À l'occasion de tes activités extrascolaires.

c. Surtout au lycée, et particulièrement dans ta classe.

5 Tu es invitée à la fête de ta cousine, où tu ne connaîtras personne :

a. Horreur ! Tu préfères ne pas y aller.
b. Tu te renseignes pour savoir s'il y aura au moins ton autre cousine
c. Tu as néanmoins très hâte d'y aller !

6 Tu arrives dans un nouveau lycée. À la récré, tu...

a. Te colles dans un coin avec ton iPod vissé sur les oreilles.
b. Tu t'assieds sur un banc et observes les autres.
c. Aperçois une fille de ta classe et vas discuter avec elle.

7 Dans la salle d'attente de l'infirmerie, tu es seule avec une autre fille :

a. Tu engages la conversation avec elle. Après tout, tu n'as rien d'autre à faire !
b. Tu l'ignores totalement.
c. Tu lui souris poliment.

8 La plus récente de tes copines, tu la connais depuis :

a. Moins d'un an.
b. Moins de six mois.
c. Plus de deux ans.

9 Tu serais capable d'aller vers une inconnue dans la rue, si...

a. Tu avais besoin de lui demander l'heure.
b. Elle avait une tête sympathique.
c. Elle ressemblait de près à une de tes copines.

10 Après avoir été invitée à une soirée par une fille de ta classe, tu...

a. N'hésites pas à la remercier chaudement.
b. L'invites à la tienne, bien évidemment !
c. Ne lui parles pas plus qu'avant.

Et maintenant, compte tes points en t'aidant du tableau ci-dessous :

	1	2	3	4	5	6	7	8	9	10
a	3	1	2	3	1	1	3	2	1	2
b	2	3	1	2	2	2	1	3	3	3
c	1	2	3	1	3	3	2	1	2	1

Si tu as entre **24 et 30 points,** ton profil est le **A.**
Si tu as entre **17 et 23 points,** ton profil est le **B.**
Si tu as entre **10 et 16 points,** ton profil est le **C.**

● Profil A

Tu as un véritable don pour te faire de nouvelles copines ! Tu vas facilement vers les autres, sais engager la conversation et tu as une personnalité très sociable. Tu serais même capable de papoter avec un mur ! Bravo ! Ces qualités te seront toujours très utiles dans la vie. Mais ne laisse pas pour autant tomber tes « vieilles » copines !

● Profil B

Tu sais te faire de nouvelles amies, mais uniquement si les conditions optimales sont réunies. Il ne t'est pas facile d'aller aborder une inconnue et tu préfères que les autres viennent vers toi. Mais une fois qu'elles ont fait le premier pas, tu es tout à fait partante pour continuer la conversation et apprendre à connaître la personne en face de toi. Sache qu'il ne faut pas grand-chose pour se faire des amies : montre-toi ouverte et n'hésite pas à poser des questions !

● Profil C

Ce n'est pas que tu n'as pas envie de te faire des nouvelles amies, c'est juste que cela te paraît mission impossible la plupart du temps. Tu es plutôt réservée et ne sais pas vraiment comment aller vers les autres. Et quand une fille essaie d'engager la conversation avec toi, tu gèles sur place et ne sais pas quoi répondre, ce qui a tendance à la faire fuir. Allez, ce n'est pas si difficile ! Voici un petit exercice pour t'entraîner : va voir une fille du lycée et dis-lui que tu aimes beaucoup sa coupe de cheveux !

Questions de filles
(Anne-Sophie te répond !)

Ma meilleure copine Sarah et moi sommes amoureuses du même garçon. Que faire ? (Violette, 15 ans)

Le mieux serait que vous l'oubliiez toutes les deux, pour éviter qu'une compétition malsaine ne s'installe entre vous pour attirer son attention. Mais si le garçon en question se montre attiré par l'une de vous, il serait très honorable pour l'autre de s'écarter et de laisser les deux tourtereaux vivre leur histoire. Bien sûr, cela mais cela est plus facile à dire qu'à faire. Dans tous les cas, ne laissez pas ce garçon gâcher votre amitié !

Dans ma bande, j'ai parfois l'impression d'être transparente. On ne me demande pas souvent mon avis et j'en souffre. Que puis-je faire ? (Sophie, 12 ans)

Il n'est jamais facile de faire entendre sa voix dans un groupe ! Tu es probablement assez réservée et n'oses pas t'imposer, mais c'est à toi de prendre la situation en main. Quand tu as une idée, fais-le savoir et n'hésite pas à te montrer en désaccord avec tes copines. Elles ne t'aimeront pas moins si tu donnes ton opinion ! Entraîne-toi à prendre la parole en petit comité et si quelqu'un essaie de t'interrompre, réponds-lui que tu n'avais pas fini ton histoire. Tu verras, plus personne ne t'ignorera !

Je n'ai pas beaucoup vu ma meilleure amie pendant les vacances scolaires et, depuis la rentrée, rien n'est comme avant entre nous. Que se passe-t-il ? (Pauline, 15 ans)

Vous êtes à une période de grands changements et de découvertes. Il se peut qu'elle ait rencontré d'autres copines pendant les vacances et que vous évoluiez différemment. Malheureusement, les amitiés ne durent pas toujours, et il semblerait que ton amie se détache de toi peu à peu. Ou il est possible qu'elle ait juste besoin d'air et que tout rentre bientôt dans l'ordre. Dans tous les cas, n'hésite pas à lui en parler, tu as le droit de savoir où en est votre amitié !

J'ai fait une vacherie à une copine et elle m'en veut beaucoup. Comment me faire pardonner ? (Alice, 13 ans)

Admettre que tu as fait une bêtise est déjà un bon début ! Maintenant, il faut aller lui en parler et lui présenter tes plus plates excuses. Explique-lui que ce tu as fait était mal, que tu ne voulais pas la blesser et que tu ne souhaites pour rien au monde perdre son amitié. Demande-lui ce que tu peux faire pour te rattraper. Et sois patiente. Le temps apaise les blessures et tu finiras sûrement par regagner sa confiance, mais uniquement si tu t'en montres digne !

Les parents de ma meilleure copine n'ont pas l'air de m'apprécier. Que faire ? (Amandine, 14 ans)

As-tu de bonnes raisons de penser cela ? Il est probable qu'ils se montrent protecteurs envers leur fille et gardent simplement un œil sur elle, ce qui donne l'impression qu'ils t'observent étrangement. Montre-toi toujours très aimable envers eux, sois polie et n'encourage pas ton amie à faire quelque chose que ses parents lui ont interdit. Tu peux aussi lui demander si tu as fait quoi que ce soit qu'il ne fallait pas. Dans ce cas, il ne te restera plus qu'à t'excuser, et vous pourrez repartir du bon pied.

J'aime beaucoup la nouvelle robe de ma copine Clémentine. Puis-je lui demander de me la prêter ? (Juliette, 16 ans)

Il n'y a aucun mal à poser la question, mais sache qu'il est possible qu'elle dise non, surtout si sa robe est presque neuve. Toutes les filles n'aiment pas prêter leurs affaires et tu devras respecter son choix. Tu peux aussi te montrer plus subtile : dis-lui que sa robe te plaît et que tu aimerais porter une tenue de ce genre à la fête de ta cousine. Ainsi, elle te proposera peut-être de l'emprunter sans que tu aies rien demandé !

VRAI ou FAUX ?

Et en amitié, es-tu incollable ?

1 Si je suis invitée à la fête d'une fille de ma classe pour son anniversaire, je dois lui apporter un cadeau.

a. Vrai.

b. Faux.

2 Il est préférable d'avouer à une amie que l'on a des sentiments pour son petit copain.

a. Vrai.

b. Faux.

3 Si je casse le stylo préféré de ma copine, je dois lui en racheter un.

a. Vrai.

b. Faux.

4 Je dois toujours prêter mes affaires à mes copines, si elles me le demandent gentiment.

a. Vrai.

b. Faux.

5 Quand une copine me prête de l'argent, il faut que je la rembourse au centime près le plus vite possible.

a. Vrai.

b. Faux.

6 Je me suis disputée avec une copine. Cela signifie que notre amitié n'est pas solide.

a. Vrai.

b. Faux.

7 Il est normal d'être jalouse d'une copine qui a un petit copain et pas moi ou qui porte des vêtements que je ne peux pas m'offrir.

a. Vrai.

b. Faux.

8 Pour les exposés et les travaux de groupe, mieux vaut travailler avec ma meilleure copine, puisque l'on se connaît si bien !

a. Vrai.

b. Faux.

9 Si ma meilleure amie a d'autres très bonnes copines, elle n'est pas vraiment ma meilleure amie.

a. Vrai.

b. Faux.

10 Lorsque je suis invitée à une fête à laquelle je ne peux pas me rendre, je dois prévenir celle qui m'a invitée.

a. Vrai.

b. Faux.

RÉPONSES

1) VRAI. Si c'est son anniversaire, il serait bien vu de lui apporter un petit cadeau. Mais ne panique pas si tu ne la connais pas très bien, c'est l'intention qui compte ! Tu peux aussi t'associer à d'autres copines pour vous faciliter la tâche.

2) FAUX. Tu la mettrais dans une situation très délicate et elle serait mal à l'aise. Mieux vaut garder tes sentiments pour toi et oublier ce garçon de toute façon inaccessible.

3) VRAI. Dis-lui que tu es vraiment désolée et propose-lui de lui offrir un nouveau stylo qu'elle choisira elle-même.

4) FAUX. Tu n'es pas du tout obligée de prêter tes affaires, même à ta meilleure amie, si tu n'en as pas envie. Mais plutôt qu'un non catégorique, dis-lui que, par superstition, tu préfères ne pas prêter le collier porte-bonheur que ta grand-mère t'a offert.

5) VRAI. Les bons comptes font les bons amis. Alors ne laisse pas des histoires d'argent entacher votre amitié et rembourse toujours tes dettes le plus vite possible !

6) FAUX. Au contraire, au sein d'une amitié profonde, il n'est pas rare de rencontrer des désaccords et de se disputer. L'important est de savoir faire un pas l'une vers l'autre après la dispute, de vous expliquer calmement et de pardonner !

7) FAUX. Amitié et jalousie ne font jamais bon ménage. Au contraire, tu devrais être ravie pour ton amie plutôt que de lui en vouloir d'avoir des choses que tu n'as pas. Et qui sait, peut-être qu'elle t'envie ta crinière de rêve et tes bons résultats scolaires !

8) FAUX. Vous risquez de vous laisser distraire et de passer votre temps à bavarder au lieu de travailler. Pourquoi ne pas faire équipe avec une autre fille de la classe que tu connais moins bien ?

9) FAUX. Aucune amitié ne devrait être exclusive, sinon elle deviendrait vite étouffante. Il est tout à fait normal que ta meilleure amie ait d'autres copines et ne passe pas tout son temps avec toi, et tu devrais faire la même chose !

10) VRAI. Après avoir reçu son invitation, remercie ta copine et préviens-la que tu ne pourras pas être présente car tu pars en week-end chez tes grands-parents.

En amour comme en amitié

Et toi dans tout cela ? Et non, on ne t'a pas oubliée ! Les tests qui suivent vont t'apprendre plein de choses sur toi et tes relations avec les autres. Es-tu pudique ? Indépendante ? Sais-tu pardonner et écouter les autres ? Pour le savoir, tu sais ce qu'il te reste à faire !

Miss Jeprendsmarevanche ou Miss Jefaislapaix ?

Sais-tu pardonner ?

1 T'est-il déjà arrivé de perdre une copine à la suite d'une dispute ?

a. Oui, mais ce n'était pas une très bonne copine.
b. Non, jamais.
c. Oui, plus d'une fois.

2 Ta copine Élisa te fait une remarque désagréable. Tu es fâchée contre elle pendant…

a. Une heure.
b. Un jour.
c. Une semaine.

3 Deux de tes amies ne se parlent plus après une dispute :

a. Tu les comprends et préfères ne pas t'en mêler.
b. Tu les encourages à ne pas gâcher leur belle amitié.
c. Tu trouves normal qu'elles prennent un peu de distance, mais tu es convaincue qu'elles se réconcilieront très vite !

4 Tu pourrais pardonner à une amie, si elle…

a. T'avait piqué ton petit copain.
b. Ne t'avait pas gardé ta place dans la queue de la cantine.
c. T'avait insultée puis s'était excusée juste après.

5 Thomas, ton amoureux, t'appelle pour annuler votre rendez-vous à la dernière minute :

a. Tu lui fais une réflexion au téléphone et attends de lui qu'il se rattrape la fois suivante.
b. Quel goujat ! Tu lui feras la même chose la prochaine fois !
c. Tant qu'il a une bonne excuse, ça ne te contrarie pas plus que ça.

6 Ton grand frère te pique ton téléphone pour appeler un copain. Pour que tu lui pardonnes, il faut qu'il...

a. Te le rende.
b. S'excuse et te laisse utiliser son forfait le mois prochain.
c. Te donne son propre portable flambant neuf.

7 Après s'être fait plaquer par Simon, ta copine Agathe lui écrit une lettre très méchante. Tu penses...

a. Qu'elle a raison. Tu aurais fait la même chose à sa place.
b. Qu'elle ferait mieux de lui parler face à face.
c. Qu'elle agit sous l'effet de la colère et qu'elle risque de regretter son geste plus tard.

8 Alors que vous deviez aller faire du shopping, ta maman t'annonce qu'elle doit emmener ton petit frère à son cours de clarinette :

a. Pas de problème, tu comprends tout à fait.
b. OK. Mais vous pourrez y aller demain, non ?
c. Tu es terriblement déçue et en colère. Tu attendais cela avec impatience.

9 Pour toi, être capable de pardonner à une copine qui t'a fait un coup bas, c'est...

a. Une force.
b. Une faiblesse.
c. Ni l'un ni l'autre.

10 Quand tu te fâches avec Thomas, ton amoureux, t'arrive-t-il de remettre sur le tapis des disputes passées ?

a. Souvent, car certaines choses continuent à te peser sur le cœur.
b. Non. Le passé, c'est le passé !
c. Oui, ça t'arrive.

Et maintenant, compte tes points en t'aidant du tableau ci-dessous :

	1	2	3	4	5	6	7	8	9	10
a	2	3	1	3	2	3	1	3	3	1
b	3	2	3	1	1	2	2	2	1	3
c	1	1	2	2	3	1	3	1	2	2

Si tu as entre **24 et 30 points,** ton profil est le **A.**
Si tu as entre **17 et 23 points,** ton profil est le **B.**
Si tu as entre **10 et 16 points,** ton profil est le **C.**

● Profil A

Tu es la reine du pardon ! Tu es très indulgente et ne peux jamais rester fâchée contre quiconque pendant bien longtemps. Tu serais prête à tout pardonner, même l'impardonnable, car tu n'aimes pas les conflits. Alors, quand une copine te blesse, tu trouves une excuse à son comportement. Sache qu'il n'y a aucun mal à exprimer tes sentiments et à réprimander tes proches quand ils dépassent les limites !

● Profil B

Tu sais faire preuve de tolérance et de compréhension face aux petits écarts de conduite de ton entourage. Après tout, personne n'est parfait et tu ne vas pas gâcher une belle amitié pour une mésentente qui peut être résolue. Tu ne souhaites pas passer l'éponge sur tout, mais il suffit en général que la personne qui t'ait vexée s'excuse ou se rattrape pour que tu pardonnes et oublies. Continue ainsi, car cette attitude t'aidera à toujours aller de l'avant !

● Profil C

Ton maître mot est vengeance ! Attention à quiconque ne se comporte pas comme tu l'espères car tu n'as pas l'intention de laisser passer le moindre faux pas. Tu es assez exigeante envers tes proches et n'apprécies pas qu'ils te déçoivent. Malheureusement, cela arrive dans toute relation et, si tu veux maintenir les tiennes en bonne santé, il te faudra apprendre le pardon, de la même manière que tu souhaites que tes copines ou ton amoureux pardonnent tes gaffes ou tes mots déplacés…

Miss Alaiseblaise ou Miss Couvrezcesein ?

Es-tu pudique ?

1 Dans le vestiaire du cours de sport, tu...

a. Sors tes affaires pour aller te changer dans les toilettes.
b. Enfiles toujours ton long tee-shirt avant de changer de bas.
c. Te sens comme à la maison et ne te soucies pas le moins du monde des autres.

2 Pour ton anniversaire, tes copines t'offrent un petit haut décolleté et assez moulant :

a. Ce n'est pas vraiment ton style, mais tu le portes quand même.
b. Superbe ! Tu le portes avec plaisir.
c. Argghh, non merci. Tu demandes à tes copines si tu peux l'échanger.

3 Ta petite sœur te pique ton journal intime :

a. Tu te morfonds à l'idée qu'elle ait lu tous tes secrets.
b. Tu es fâchée contre elle, mais n'en fais pas toute une montagne.
c. Peu importe. Il n'y a rien dedans qu'elle ne sache déjà.

4 Nathan, ton petit copain, te surprend en train de pleurer :

- **a.** Tu sèches tes larmes bien vite et lui dis que tu avais une poussière dans l'œil.
- **b.** La honte ! Tu ne sais pas où te mettre !
- **c.** Tu en profites pour lui confier tes malheurs.

5 Sur la plage, quand tu vois des femmes bronzer topless, tu te dis...

- **a.** Que tu aimerais essayer aussi !
- **b.** Que ce n'est pas ton truc, mais que ça ne te dérange pas.
- **c.** Que c'est indécent !

6 Ta mère entre dans la salle de bains alors que tu es sous la douche :

- **a.** Tu la remarques à peine.
- **b.** Tu lui hurles de sortir immédiatement.
- **c.** Tu es un peu gênée et vas fermer le verrou dès qu'elle est sortie.

7 Dire « je t'aime » à ton amoureux en premier, ça te paraît :

- **a.** Difficile, mais faisable.
- **b.** Impossible.
- **c.** Naturel, si c'est ce que tu ressens.

8 Après-midi chez une copine en plein été. Elle propose une baignade dans sa piscine mais tu as oublié ton maillot :

- **a.** Tu lui demandes si tu peux lui en emprunter un. Sinon, pas de baignade pour toi !
- **b.** Un maillot ou des sous-vêtements, quelle différence ? Tu plonges en culotte et soutien-gorge.
- **c.** D'accord pour te baigner en sous-vêtements, mais uniquement s'il n'y a que des filles.

9 Nathan t'embrasse passionnément en plein milieu de la cour de récré :

- **a.** Peu importe où vous êtes, le monde n'existe pas quand il t'embrasse !
- **b.** Tu n'oses pas lever les yeux après et cours vers ta salle de classe la tête baissée.
- **c.** Tu préfères l'embrasser dans un coin un peu plus discret, mais ne boudes pas ton plaisir.

10 Tu regardes un film avec Nathan lorsqu'une scène d'amour apparaît à l'écran :

- **a.** Tu es un peu mal à l'aise, mais ne peux t'empêcher de regarder.
- **b.** Tu es captivée et tu es sûre que lui aussi !
- **c.** Tu en profites pour aller chercher un verre de soda.

Et maintenant, compte tes points en t'aidant du tableau ci-dessous :

	1	2	3	4	5	6	7	8	9	10
a	3	2	3	2	1	1	2	3	1	2
b	2	1	2	3	2	3	3	1	3	1
c	1	3	1	1	3	2	1	2	2	3

Si tu as entre **24 et 30 points,** ton profil est le **A.**
Si tu as entre **17 et 23 points,** ton profil est le **B.**
Si tu as entre **10 et 16 points,** ton profil est le **C.**

● Profil A

Tu es très pudique, autant physiquement qu'émotionnellement. Cela peut être un signe de grande timidité ou alors tu n'es pas très à l'aise avec ton corps. Et pourtant, les autres ne remarqueront jamais autant tes petits défauts que toi ! Tu n'as pas tort de t'enfermer dans la salle de bains pour préserver ton intimité mais apprends à aimer ton corps tel qu'il est, sans toujours vouloir le cacher. Et sache qu'exprimer tes sentiments ne te rend pas plus vulnérable !

● Profil B

Tu es un peu pudique. Tu n'aimes pas particulièrement te déshabiller devant tes copines et n'oublierais jamais de fermer la porte de la salle de bains, mais tu n'as pas honte de ton corps et ne cherches pas à te couvrir à tout prix. Cependant, tu préfères tout de même éviter de pleurer en public et ne pas trop dévoiler tes émotions. Et si tu te sens bien ainsi, il n'y a pas de raison de changer !

● Profil C

Tu n'es pas pudique pour un sou. Très à l'aise avec ton corps et avec toi-même, tu ne réfléchis pas deux fois avant de te changer dans les vestiaires, tu portes des décolletés et des minijupes et aimes même faire du topless sur la plage. Pareil pour tes sentiments : verser une larme en public ne t'a jamais fait peur ! Et même si c'est très agréable d'être autant en osmose avec son corps, il faut tout de même savoir qu'un peu de mystère et de pudeur ne peut pas faire de mal !

Miss Touteouïe ou Miss Sourdingue ?

Es-tu à l'écoute des autres ?

1 Tes copines viennent te voir en premier pour te raconter leurs malheurs :

a. Souvent.

b. Rarement.

c. Parfois.

2 Quand tu es avec Louis, ton amoureux, qui fait la conversation ?

a. Vous parlez autant tous les deux.

b. C'est plutôt toi qui parles.

c. C'est plutôt lui.

3 En général, quand tu es au téléphone avec ta copine Agathe...

a. Tu tchattes avec une autre copine sur MSN au même moment.

b. Tu regardes la télé en même temps.

c. Tu l'écoutes, un point c'est tout.

4 **Tu es chez Zoé pour un après-midi entre filles quand Marion t'appelle après s'être fait plaquer par son amoureux :**

a. Tu fais un signe à Zoé avant d'aller te mettre dans un coin pour discuter tranquillement.
b. Tu l'écoutes pendant cinq minutes puis lui proposes de la rappeler quand tu rentres chez toi.
c. Tu lui dis que tu ne peux pas parler et la rappelles le lendemain.

5 **Tu as parfois du mal à :**

a. Te concentrer.
b. T'exprimer.
c. Feindre ton intérêt.

6 **Tes copines te remercient souvent :**

a. D'être là pour elles.
b. De savoir les distraire.
c. D'être de bon conseil.

7 **Louis te raconte son entraînement de basket-ball :**

a. Tu observes les autres dans la cour de récré par-dessus son épaule.
b. Tu hoches la tête et lui poses des questions.
c. Tu hoches la tête en silence.

8 **Tu te souviens des mésaventures que tes copines t'ont racontées :**

a. Dans les moindres détails.
b. Dans les grandes lignes.
c. Vaguement.

9 **En famille, pendant le dîner, tu…**

a. Soupires mentalement aux histoires de travail de ton père et aux problèmes de ta sœur.
b. Manges aussi vite que possible pour pouvoir retourner dans ta chambre.
c. Participes activement à la conversation.

10 **Ce que tu préfères quand Louis te raconte ses histoires, c'est…**

a. Que tu peux ensuite lui raconter tes histoires de fille sans culpabiliser.
b. Qu'il souhaite les partager avec toi.
c. Que tu as l'occasion de lui donner ton avis.

Et maintenant, compte tes points en t'aidant du tableau ci-dessous :

	1	2	3	4	5	6	7	8	9	10
a	3	2	1	3	2	3	1	3	2	1
b	1	1	2	2	3	1	3	2	1	3
c	2	3	3	1	1	2	2	1	3	2

Si tu as entre **24 et 30 points,** ton profil est le **A.**
Si tu as entre **17 et 23 points,** ton profil est le **B.**
Si tu as entre **10 et 16 points,** ton profil est le **C.**

● Profil A

Tu es l'épaule sur laquelle tout le monde aime venir pleurer. Toujours attentive et à l'écoute des autres, tu es disponible et trouves les bons mots au bon moment. Ta présence et ton soutien sont très précieux aux yeux de tes proches qui en usent et en abusent. Assure-toi tout de même qu'ils soient aussi là pour toi quand tu as besoin de parler !

● Profil B

D'une manière générale, tu sais être à l'écoute de tes proches quand ils ont vraiment besoin de toi, mais tu ne réponds pas toujours présente à l'appel car il y a des limites à ta disponibilité et à ta patience. Tu sais être de bon conseil, t'intéresser aux problèmes des autres, mais tu réclames aussi ton droit à la parole. Après tout, c'est important, l'équilibre dans une relation !

● Profil C

Écouter les autres ? Très peu pour toi ! Tu es assez bavarde et distraite et tu oublies souvent de te montrer présente quand tes proches ont besoin d'une oreille attentive. Et tu serais bien incapable de faire semblant de t'intéresser aux histoires de ton amoureux quand tu as d'autres choses plus importantes à faire ! Cela dit, au fond de toi, tu sais bien que l'écoute est vitale dans toute relation, alors fais un petit effort !

Miss Peaceandlove ou Miss Célaguerre ?

Sais-tu te remettre d'une dispute ?

1 Pendant une dispute avec Margaux, ta meilleure copine :

a. Il t'arrive de te laisser emporter.
b. Tu ne dis jamais rien que tu pourrais regretter plus tard.
c. Tu essaies de garder ton sang-froid même si ce n'est pas toujours facile.

2 Et après votre dispute, la première chose que tu fais, c'est :

a. Te repasser le film de votre dispute et réfléchir à ce qui ne va pas entre vous.
b. Courir chez Zoé, pour lui dire tout le mal que tu penses de Margaux.
c. Éteindre ton portable et faire la morte pendant trois jours.

3 T'est-il déjà arrivé de faire le premier pas vers ton frère ou ta sœur après vous être fâchés ?

a. Non, jamais. Tu attends qu'il ou elle vienne vers toi.
b. Oui, parce que tu savais que tu avais tort.
c. Oui, souvent.

4 Après une brouille avec Clément, ton amoureux, tu te dis...

a. Que tu ne sais pas comment vous allez recoller les morceaux.
b. Que tu vas l'appeler et que tout va vite rentrer dans l'ordre.
c. Que c'est fini entre vous.

5 Laquelle de ces citations te correspond le mieux ?

a. *« À quoi sert de se quereller, quand le raccommodement est impossible ? Le plaisir des disputes, c'est de faire la paix. »* (Alfred de Musset)

b. *« Celui qui se tait le premier dans une dispute est le plus digne de louange. »* (Proverbe hébreu)

c. *« La dispute alimente la dispute et engloutit ceux qui s'y plongent. »* (Sénèque)

6 Et parmi celles-ci ?

a. *« C'est plein de disputes, un bonheur. »* (Jean Anouilh)

b. *« Bon silence vaut mieux que mauvaise dispute. »* (Proverbe russe)

c. *« La vie est trop courte pour qu'on se dispute. »* (Robert Baden-Powell)

7 Pour toi, les fâcheries :

a. Sonnent toujours le début de la fin.

b. Sont un moment désagréable à passer.

c. Font partie de toute relation, amicale ou amoureuse.

8 Tes parents t'ont privée de sorties pendant une semaine après une série de mauvaises notes :

a. Tu ne leur en veux pas tant que ça. Tu sais qu'au fond ils ont raison !

b. Tu leur en veux pendant une semaine.

c. Tu leur en veux pendant un mois.

9 Que penses-tu du proverbe « œil pour œil, dent pour dent » ?

a. Qu'il est logique de vouloir prendre sa revanche après que quelqu'un nous a fait mal.

b. Que c'est tentant mais que rien de bon ne peut en découler.

c. Qu'il ne peut que se terminer en désastre.

10 La meilleure façon de résoudre un conflit, c'est...

a. D'admettre que les torts sont partagés.

b. De l'ignorer jusqu'à ce qu'il disparaisse.

c. De laisser passer la tempête et de repartir du bon pied.

Et maintenant, compte tes points en t'aidant du tableau ci-dessous :

	1	2	3	4	5	6	7	8	9	10
a	1	3	1	2	2	3	1	3	1	3
b	3	1	2	3	3	1	2	2	2	1
c	2	2	3	1	1	2	3	1	3	2

Si tu as entre **24 et 30 points,** ton profil est le **A.**
Si tu as entre **17 et 23 points,** ton profil est le **B.**
Si tu as entre **10 et 16 points,** ton profil est le **C.**

● Profil A

Tu es une pro des disputes résolues et des conflits avortés ! Tu sais faire le premier pas pour rétablir le dialogue et recoller les morceaux. Tu as appris à pardonner et à reconnaître tes torts. Mais surtout, tu ne laisses jamais tes disputes prendre trop d'ampleur car tu sais que, si elles vont trop loin, elles seront d'autant plus difficiles à surmonter !

● Profil B

Tu préférerais passer un contrôle de maths plutôt que devoir gérer une dispute. Tu ne sais vraiment pas t'y prendre pour résoudre une fâcherie mais tu fais de ton mieux, en essayant de garder ton sang-froid et en restant ouverte à la possibilité d'une réconciliation, même si ton premier réflexe est de couper les ponts. La clé du problème : en parler et apprendre à pardonner !

● Profil C

Aïe ! Les disputes ne sont vraiment pas ton point fort. Tu as du mal à pardonner et à aller de l'avant après t'être fâchée avec une copine ou ton amoureux. Tu ne sais pas comment faire le premier pas ni reconnaître ta part de responsabilités. Car, dans une dispute, les torts sont le plus souvent partagés ! Essaie tout d'abord de ne pas te laisser emporter et dire quelque chose que tu pourrais regretter plus tard. Et apprends à mettre ton ego de côté pour aller faire la paix !

Miss Libertéchérie ou Miss Sanslesautresjemennuie ?

Sais-tu garder ton indépendance ?

1 Aucune de tes copines n'est disponible pour sortir ce week-end :

a. Malheur ! Que vas-tu bien pouvoir faire ?

b. Eh bien, au moins tu auras l'occasion de rattraper tes lectures en retard.

c. Pas cool ! Mais tu trouveras bien à t'occuper.

2 Aller au cinéma toute seule :

a. Ça ne change rien. Après tout, quand le film commence, peu importe si quelqu'un est assis à côté de toi !

b. Tu ne pourrais jamais !

c. Tu serais prête à le faire si tu ne trouvais vraiment personne pour t'accompagner.

3 Tes parents t'ont déjà laissée seule à la maison, pendant...

a. Une heure.

b. Tout un après-midi.

c. Toute une journée.

4 Tes copines Manon et Clélia sont constamment collées l'une à l'autre, de vraies siamoises ! Tu penses :

a. Qu'elles devraient parfois prendre un peu l'air.

b. Que c'est normal pour deux meilleures amies de passer tout leur temps ensemble.

c. Qu'elles devraient vraiment essayer de se faire d'autres amies !

5 Nathan, ton amoureux, part en vacances pendant deux semaines avec ses parents :

a. Tu l'appelles trois fois par jour pour tenir le coup.

b. Tu penses beaucoup à lui, mais cela ne va pas gâcher tes vacances.

c. Tu prévois plusieurs sorties avec tes copines pour t'occuper.

6 Tu rêves d'apprendre à jouer de la guitare depuis toujours. Avant de t'inscrire à des cours, tu :

a. Te renseignes sur le groupe, pour savoir s'il y a des gens de ton lycée ou au moins de ton âge.

b. Cherches à savoir si tu dois apporter ta propre guitare.

c. Essaies de convaincre ta meilleure amie de s'inscrire aussi.

7 Ta copine Zoé vit une relation amoureuse longue distance. Tu te dis :

a. Que tu n'aimerais pas devoir aller aux fêtes en célibataire.

b. Qu'ils doivent beaucoup tenir l'un à l'autre pour que ça marche.

c. Qu'elle a ainsi le meilleur des deux mondes : elle a un amoureux, mais aussi du temps pour elle.

8 Avant de vous rencontrer, Nathan et toi aviez des goûts musicaux très différents. Et maintenant ?

a. Rien n'a changé. Tout vous oppose en musique !

b. Tu as bien voulu écouter sa musique, mais seulement parce qu'il s'est intéressé à la tienne !

c. Tu as adopté les siens et vous aimez désormais les mêmes groupes.

9 Samedi après-midi, ta mère te donne une somme d'argent pour que tu ailles faire les boutiques toute seule :

a. Mmm, tu n'as jamais fait de shopping toute seule, mais pourquoi pas ?

b. Super ! Tu seras ainsi tranquille pour faire ton choix !

c. Euh, non merci ! Tu serais bien incapable de savoir quoi acheter !

10 Paul, le copain de Nathan, essaie de te convaincre de te mettre à fumer et t'offre une cigarette :

a. Tu refuses poliment, sans te soucier de ce qu'il va penser.

b. Tu acceptes. Tu as tellement envie que Nathan te voit comme une fille cool.

c. Tu refuses en prétextant un mal de crâne.

Et maintenant, compte tes points en t'aidant du tableau ci-dessous :

	1	2	3	4	5	6	7	8	9	10
a	1	3	1	2	1	2	1	3	2	3
b	3	1	2	1	3	3	2	2	3	1
c	2	2	3	3	2	1	3	1	1	2

Si tu as entre **24 et 30 points,** ton profil est le **A.**
Si tu as entre **17 et 23 points,** ton profil est le **B.**
Si tu as entre **10 et 16 points,** ton profil est le **C.**

● Profil A

Tu es très indépendante. Que ce soit dans ton groupe d'amis ou avec ton amoureux, tu sais rester fidèle à ta personnalité et à tes goûts sans te faire influencer. Tu apprécies ta propre compagnie et n'hésites pas à t'occuper toute seule, et pas seulement quand tu n'as pas le choix ! Quel bon vent de liberté tu respires ! Mais ne donne tout de même pas l'impression aux autres que tu n'as pas besoin d'eux. On a toujours besoin de ses amis !

● Profil B

Tu sais te montrer assez indépendante quand il faut, même si tu n'as pas vraiment l'âme solitaire. Tu es prête à t'affirmer un peu plus et ne fais pas tout et n'importe quoi pour faire plaisir à ton entourage. Après tout, tu as besoin d'eux autant qu'ils ont besoin de toi et, si tu dois parfois te retrouver toute seule pour faire les choses qui te plaisent, ce n'est pas la fin du monde, non ?

● Profil C

L'indépendance, ça sert à quoi ? Le dicton « mieux vaut être seule que mal accompagnée » ne s'applique pas du tout à toi, car tu préfères être accompagnée coûte que coûte ! Même si pour cela tu dois renier tes principes ou renoncer à aller au cinéma. Pas solitaire pour un sou, tu t'adaptes aux autres pour te faire accepter. Mais et toi dans tout ça ? Il ne faut pas oublier qui tu es et te fondre dans la masse !

Le forum de Miss Débrouille

Faire la fête avec ses copines ou passer du temps avec son amoureux, c'est génial. Mais on peut aussi apprécier sa propre compagnie… Alors, partagez ici vos activités en solo préférées !

Clémentine18, 15 ans — Dimanche à 13 h 34

Moi, j'aime prendre le bus seule pour aller au lycée. J'écoute de la musique et je rêvasse. Un petit moment hors du temps avant une dure journée !

Lolita, 14 ans — Dimanche à 13 h 52

Moi, c'est quand mes parents sont sortis faire une balade avec mon frère. J'ai la maison pour moi toute seule. C'est super calme, j'adore ! Et personne ne vient me piquer la télécommande !

Superwoman, 16 ans — Dimanche à 14 h 08

En été, je m'installe sur un transat dans mon jardin, avec un bon livre et une limonade bien fraîche. Le bonheur ! Je prie pour que personne ne me dérange et que le téléphone ne sonne pas…

Mimijolie, 13 ans — Dimanche à 14 h 15

Comme je te comprends ! Moi j'aime le moment à la fin d'un contrôle, quand j'ai fini avant tout le monde. Je rends ma copie et je contemple mes camarades, toujours en train de bûcher. Et même si je ne suis pas toute seule, c'est tout comme, car personne ne fait attention à moi !

Clémentine18, 15 ans — Dimanche à 14 h 22

Eh, les filles, j'ai oublié. Samedi dernier, je suis allée au ciné toute seule. Ma copine était malade et j'avais tellement envie de voir ce film… Eh bien, c'était plus facile que je ne le pensais. Je me suis vraiment sentie comme une grande, c'était super. Même si j'aime toujours aller au ciné avec mes copines !

Es-tu frimeuse ?

1 Tu reviens d'un super rendez-vous avec Mattéo quand Clélia t'annonce que Thomas vient de la quitter :

a. Tu passes ton rendez-vous sous silence.
b. Tu lui dis que Mattéo aussi est un goujat.
c. Tu lui racontes quand même ton rendez-vous dans les détails. Après tout, ce n'est pas de ta faute si elle s'est fait plaquer !

2 Tu arrives au lycée avec de nouvelles chaussures aux pieds, sur lesquelles Margaux s'extasie :

a. Tu lui dis que tu es ravie qu'elles lui plaisent autant car ce sont tes nouvelles chaussures préférées.
b. Tu lui annonces illico la marque et le prix qu'elles ont coûté.
c. Tu la remercies et la complimentes aussi sur ses jolies bottes.

3 À la fête de samedi, tu as dansé un slow avec Jonah, le plus beau garçon du lycée :

a. Tu le cries sur tous les toits dès le lundi matin.
b. Tu le glisses discrètement dans la conversation quand le sujet de la fête est évoqué.
c. À quoi bon en parler ? Ceux qui étaient à la soirée vous ont bien vus !

4 Quelle est la plus belle chose qu'une copine puisse te dire :

a. Je t'envie.
b. Je te respecte.
c. Je t'aime beaucoup.

5 Nathan, ton amoureux, t'annonce qu'avant toi il n'a embrassé qu'une fille. Tu lui réponds :

a. Que ça n'a vraiment pas d'importance pour toi.
b. C'est tout ? Toi, tu as embrassé au moins six garçons !
c. Que tu es dans le même cas.

6 Imagine-toi à un entretien d'embauche. On te demande quels sont tes qualités et tes défauts :

a. Tu peux faire la liste de tous tes défauts mais, côté qualités, tu n'es pas sûre…
b. Pas de problème. Des qualités et des défauts, tout le monde en a !
c. Pour les qualités, fastoche. Mais tu ne vas quand même pas admettre avoir des défauts !

7 T'est-il déjà arrivé de mentir à un garçon pour te mettre en valeur ?

a. Tout le temps. Il faut bien savoir appâter l'hameçon, non ?
b. Jamais. Ce ne serait pas très honnête !
c. Tu as bien dû enjoliver la vérité une ou deux fois.

8 Tu récoltes un 17 sur 20 en anglais. Que disent tes parents ?

a. Qu'ils n'en attendaient pas moins de toi, vu que tu es quasi bilingue.
b. Que c'est une très bonne note et qu'ils sont fiers de toi.
c. Que tu les épates. Tu avais bien caché ton jeu et ton *very good English !*

9 Nathan te complimente sur ta nouvelle coupe de cheveux. Ta réaction ?

a. Tu rougis en silence.
b. Un grand merci avec un sourire jusqu'aux oreilles.
c. « Oui, je sais. Superbe, non ? »

10 Tu apprends que ta copine Manon porte des soutiens-gorge ultra-rembourrés :

a. Quelle brillante idée !
b. Mmmoui. Ça ne fait pas très naturel…
c. Si c'est pour attirer tous les regards… Non merci !

Et maintenant, compte tes points en t'aidant du tableau ci-dessous :

	1	2	3	4	5	6	7	8	9	10
a	2	2	3	3	1	1	3	3	1	3
b	1	3	2	1	3	2	1	2	2	2
c	3	1	1	2	2	3	2	1	3	1

Si tu as entre **24 et 30 points,** ton profil est le **A.**
Si tu as entre **17 et 23 points,** ton profil est le **B.**
Si tu as entre **10 et 16 points,** ton profil est le **C.**

● Profil A

Tu aimes en mettre plein la vue ! Tu es plutôt frimeuse et ne lésines jamais sur les détails de tes rencontres amoureuses (toujours avec des beaux gosses), de tes nouveaux vêtements (rien que des marques !) ou de ta réussite scolaire (tu es presque surdouée !). Et quand la vérité ne suffit pas, tu ne vois pas de mal à te faire un peu mousser… Ne t'étonne pas ensuite si tes copines ont l'air agacées. La vanité n'est pas une qualité dont on peut se vanter !

● Profil B

Tu connais tes atouts et tes qualités et apprécies avec plaisir les compliments. Mais tu sais aussi que tu as, comme tout le monde, quelques défauts, que tu ne dénies pas, même si tu préfères qu'ils ne se remarquent pas ! Alors si frimer un peu pour rigoler ne te dérange pas, tu n'as pas l'intention de passer pour une véritable prétentieuse. Tu sais de toute façon qu'à trop vouloir paraître on finit par se faire prendre à son propre jeu !

● Profil C

Frimeuse, toi ? Bien au contraire, tu es la modestie incarnée. Tu as du mal à accepter un compliment, même s'il est amplement justifié, et préfères rester discrète sur tes succès, de peur de froisser des amies moins fortunées que toi. Ton humilité pourrait servir d'exemple, mais sache qu'il est tout à fait normal d'être fière de ses réussites et de les partager !

Quelle importance accordes-tu au regard des autres ?

1 Le professeur de sport te demande de faire une démonstration de gymnastique devant toute la classe :

a. Pfff, tu as intérêt à ne pas faire un faux pas !

b. Tu te concentres pour bien t'appliquer.

c. Tu te lances sans trop réfléchir.

2 En feuilletant un magazine, Antoine, ton amoureux, t'avoue distraitement qu'il préfère les filles minces :

a. Ça tombe bien, tu viens de lire un article sur le régime béton de cet été.

b. Et toi, tu préfères les garçons très musclés. Mais on ne choisit pas toujours, n'est-ce pas ?

c. Tu ne peux pas t'empêcher de te demander s'il essayait de te faire passer un message…

3 Pourrais-tu sortir de chez toi sans maquillage ?

a. Oui, ça t'arrive souvent.

b. Jamais !

c. Seulement si tu as eu une panne de réveil.

4 Dans une boutique, tu montres à Clélia le petit top qui te plaît beaucoup, mais elle n'approuve pas du tout :

a. Tu le reposes sur le portant et essaies de l'oublier.

b. Cela te fait douter et tu réfléchis quelques jours avant de retourner l'acheter.

c. Tant pis, tu l'achètes quand même. Les goûts et les couleurs…

5 Après ton exposé sur les fleuves français, tu te rassois à ta place et tu…

a. Demandes à Clélia si elle a trouvé cela intéressant.

b. Te demandes si tu vas avoir une bonne note.

c. Harcèles Clélia pour savoir comment tu étais et si quelqu'un dans la classe a fait des remarques.

6 Arrivée à la fête de ta copine Noémie, tu veux savoir ce qu'elle pense de ta tenue. Quand elle répond « sympa », tu te dis :

a. Qu'elle aime bien ta tenue.

b. Que c'est une catastrophe et que tu devrais aller te changer illico presto.

c. Qu'elle n'avait pas l'air très enthousiaste…

7 Demandes-tu souvent à Antoine s'il te trouve jolie ?

a. Oui, tout le temps.

b. Non, jamais. De toute façon il ne va pas répondre non, alors…

c. Pas vraiment, mais cela t'a brûlé les lèvres plus d'une fois.

8 Ta copine Clélia te dit qu'elle admire ton style vestimentaire :

a. Cela te donne le moral pour toute la journée.

b. Cela te fait plaisir.

c. Tu te sens soudainement à la pointe de la mode.

9 Il est important pour toi de plaire…

a. À toi-même.

b. À ton amoureux.

c. À toutes tes copines.

10 Tu as envie d'avoir un très bon bulletin pour…

a. Faire plaisir à tes parents.

b. Devenir la meilleure de la classe.

c. Bien réussir ton année scolaire.

Et maintenant, compte tes points en t'aidant du tableau ci-dessous :

	1	2	3	4	5	6	7	8	9	10
a	3	3	1	3	2	1	3	2	1	2
b	2	1	3	2	1	3	1	1	2	3
c	1	2	2	1	3	2	2	3	3	1

Si tu as entre **24 et 30 points,** ton profil est le **A.**
Si tu as entre **17 et 23 points,** ton profil est le **B.**
Si tu as entre **10 et 16 points,** ton profil est le **C.**

● Profil A

Le regard des autres est très important pour toi et tu as besoin de leur validation pour te sentir à l'aise. Une copine te complimente sur tes vêtements et tu as l'impression d'être à la pointe de la mode, mais si ton amoureux ne te dit pas tous les jours que tu es jolie, tu te sens tout à coup très moche. Que c'est risqué de toujours dépendre du regard et des avis de ton entourage ! Tu es capable de te faire ta propre opinion, alors ne donne pas autant de pouvoir aux autres !

● Profil B

Tu tiens compte de l'avis de ton entourage et accueilles à bras ouverts leurs encouragements et leurs louanges. Mais tu sais aussi ce que tu vaux et tes goûts sont assez affirmés pour que tu ne te laisses pas toujours influencer. Après tout, si tu écoutais toujours tout le monde, tu ne saurais plus où donner de la tête ! Alors mieux vaut parfois ignorer quelques remarques ici et là pour ton bien-être.

● Profil C

Tu te moques pas mal de ce que les autres pensent de toi. Tu es bien dans ta peau et n'as pas besoin de prouver quoi que ce soit à qui que ce soit. Ton amoureux n'aime pas ta coupe de cheveux ? Tant pis pour lui ! Et si tu travailles dur à l'école, c'est uniquement pour toi et pas pour épater la galerie. Tu as tout à fait raison mais, tu sais, les autres peuvent aussi être de bon conseil. Les écouter de temps à autre pourrait donc t'être utile…

S'affranchir du regard des autres

MA COPINE JEANNE A UNE GRANDE CONFIANCE EN ELLE ET SE FICHE BIEN DE CE QUE LES AUTRES PEUVENT PENSER D'ELLE. ET MOI, JE L'ENVIE ! ALORS JE LUI AI POSÉ QUELQUES QUESTIONS, CAR J'ESPÈRE BIEN EN PRENDRE DE LA GRAINE…

Posté le mercredi 11 mars

■ **Cléo : Une copine te dit que ton cardigan vert pomme est un peu bizarre. Que réponds-tu ?**

■ **Jeanne :** Que tous les goûts et les couleurs sont dans la nature et qu'elle devrait respecter les miens. Après tout, si on s'habillait toutes en noir, ce ne serait pas vraiment drôle… Alors elle ferait mieux de garder son opinion pour elle-même et accepter que moi, j'aime le vert pomme !

■ **Cléo : La semaine dernière, je suis tombée dans les escaliers au lycée. J'ai cru mourir de honte. Qu'aurais-tu fait à ma place ?**

■ **Jeanne :** J'aurais ri bien fort. Si tu tombes dans les escaliers, tout le monde va se moquer de toi. Ce n'est pas méchant, c'est simplement dans la nature humaine. Et il ne faut surtout pas le prendre personnellement, car cela arrive à tout le monde. Alors mieux vaut rire de bon cœur avec les autres et dédramatiser la situation.

■ **Cléo : Quand je dois faire un exposé devant toute la classe, je ne peux pas m'empêcher de me demander ce que les autres pensent de moi…**

■ **Jeanne :** Tu ferais mieux de te concentrer sur ton exposé ! On ne peut pas contrôler ce que les autres pensent de nous, alors il est préférable de ne pas y penser. Si tu n'es pas à l'aise quand tu croises les regards de tes camarades, fixe un point au fond de la salle et adresse-toi à une personne fictive. Les autres n'existent plus !

■ **Cléo : Ma copine Margaux est persuadée que son amoureux la trouve trop ronde, et ça la rend malheureuse…**

■ **Jeanne :** Margaux est certainement un peu trop dure envers elle-même. Elle n'est pas à l'aise avec son corps et c'est sûrement elle qui se trouve trop ronde, et pas son petit ami, qui l'aime telle qu'elle est. On a toutes des petits défauts mais, ayant un amoureux qui tient à elle, Margaux devrait réaliser qu'elle a aussi plein de qualités !

■ **Cléo : Quand tu t'habilles le matin, à quoi penses-tu ? Cherches-tu à plaire aux autres ?**

■ **Jeanne :** Je choisis toujours une tenue dans laquelle je me sens à l'aise. Je m'habille pour me faire plaisir à moi-même et non pour plaire aux autres. Mais je sais que si je me sens bien, cela se lira sur mon visage. J'aurai l'air épanouie et donc j'aurai bien plus de chances de plaire !

Mister Macho ou Mister Intello ?

Quel genre de garçon serais-tu ?

1 Si tu étais un garçon, quel serait ton sujet de prédilection avec tes copains ?

a. Le dernier iPhone.

b. Le dernier album des Arctic Monkeys.

c. La nouvelle blonde ultra-craquante de la classe.

2 Le signe particulier que tu préférerais chez une fille :

a. Un tatouage sur l'épaule.

b. Des fossettes.

c. Un grain de beauté au-dessus de la lèvre.

3 Tu serais fan de…

a. Angelina Jolie.
b. Kristen Stewart.
c. Anne Hathaway.

4 Et de…

a. Robert Pattinson.
b. Woody Allen.
c. Jake Gyllenhaal.

5 Quelle serait ta matière préférée au lycée ?

a. Les sciences physiques.
b. L'anglais.
c. Le sport.

6 Quelle serait ta boisson favorite ?

a. Le soda.
b. Le chocolat chaud.
c. Le jus de pomme.

7 Ton meilleur copain s'appellerait :

a. Dylan.
b. Léo.
c. Charles.

8 Quel serait ton type de film préféré ?

a. Les films de science-fiction.
b. Les films d'action.
c. Les films d'auteur.

9 Tes cheveux seraient…

a. Un peu longs et blondis par le soleil.
b. Enduits de gel avec le plus grand soin tous les matins.
c. Coiffés soigneusement avec une mèche sur le côté.

10 Pour séduire une fille, tu serais prêt à…

a. Lui chanter une chanson.
b. Lui prêter ta collection de DVD.
c. L'emmener faire une balade sur ton scooter.

Et maintenant, compte tes points en t'aidant du tableau ci-dessous :

	1	2	3	4	5	6	7	8	9	10
a	3	1	2	2	3	2	2	3	1	1
b	1	3	1	3	1	3	1	2	2	3
c	2	2	3	1	2	1	3	1	3	2

Si tu as entre **24 et 30 points,** ton profil est le **A.**
Si tu as entre **17 et 23 points,** ton profil est le **B.**
Si tu as entre **10 et 16 points,** ton profil est le **C.**

● Profil A

Tu serais un garçon intello à tendance geek. Tu serais studieux et classique, intéressé par les sciences et les nouvelles technologies. Et beaucoup moins par les filles ! Entouré de ta bande uniquement composée de garçons, tu décortiquerais le monde tout en débattant du dernier film de science-fiction. Physiquement, on t'imagine bien porter des petites lunettes et un pull avec un col en V par-dessus une chemise bien repassée.

● Profil B

Ton activité préférée : draguer les filles quand tu n'es pas trop occupé à leur briser le cœur. Tu serais plutôt macho, aux passions strictement masculines : le sport, les belles voitures et les jolies filles, que tu aimerais très féminines, grandes et avec une jolie bouche bien pulpeuse. Tu te déplacerais uniquement à scooter et aurais un sourire tout à fait ravageur…

● Profil C

Tu serais un garçon tendance, assez cool et un peu artiste. Tu connais toutes les paroles des groupes à la mode, dont tu joues les chansons sur ta guitare. Tu aimes aussi les sports aquatiques et craques particulièrement pour les filles naturelles, à la peau légèrement dorée par le soleil à force de faire du surf. Tes armes infaillibles pour séduire : ton sourire, ton tee-shirt dernier cri et ta sensibilité à fleur de peau.

VRAI ou FAUX ?

Et pour finir en beauté, quelques questions mêlant amour et amitié…

❶ Après une dispute, mieux vaut ne plus aborder le sujet qui fâche.

a. Vrai.

b. Faux.

❷ Une fille qui porte des décolletés est une fille facile.

a. Vrai.

b. Faux.

3 Le regard des autres est souvent plus dur que celui que l'on porte sur soi-même.

a. Vrai.

b. Faux.

4 Les grandes frimeuses sont en général mal dans leur peau.

a. Vrai.

b. Faux.

5 Être indépendante, c'est ne pas avoir besoin des autres.

a. Vrai.

b. Faux.

6 Quand une copine a un problème, je dois toujours lui donner mon opinion sur ce qu'elle devrait faire.

a. Vrai.

b. Faux.

7 On peut apprécier sa propre compagnie autant que celle de ses amies.

a. Vrai.

b. Faux.

8 Quand on s'est fâchée avec une copine ou son amoureux, rien ne peut plus jamais être comme avant.

a. Vrai.

b. Faux.

9 Avoir des goûts très différents ne signifie pas qu'une relation est vouée à l'échec.

a. Vrai.

b. Faux.

10 Être capable d'exprimer ses sentiments est une force.

a. Vrai.

b. Faux.

RÉPONSES

1) VRAI. À quoi bon remuer le couteau dans la plaie ? Une fois les réconciliations faites, mieux vaut pardonner et oublier. Remettre le sujet sur le tapis ne peut conduire qu'à d'autres disputes !

2) FAUX. Tous les goûts sont dans la nature. De plus, certaines filles sont plus à l'aise avec leur corps que d'autres. Il ne faut pas juger sur les apparences !

3) FAUX. Ta pire détractrice est probablement toi-même. Personne ne remarquera tes petits boutons autant que toi, et les autres auront oublié la bourde que tu as dite en classe quand elle continuera encore à te miner !

4) VRAI. Celles qui ressentent le besoin de mentir sur elles ou de constamment se faire valoir souffrent probablement d'une mauvaise estime d'elles-mêmes. Les gens qui s'aiment tels qu'ils sont n'ont pas besoin de toujours attirer l'attention sur eux !

5) FAUX. On a toujours besoin des autres à un moment ou à un autre. Mais il est tout de même important d'apprendre à se débrouiller seule !

6) FAUX. Ta copine a peut-être simplement besoin d'une oreille attentive. Mieux vaut ne lui donner ton avis que si elle te le demande.

7) VRAI. Bien sûr qu'il y a des choses qui sont plus agréables à plusieurs. Mais il y a aussi des moments à savourer en solo, par exemple : lire un bon livre, emmitouflée sous la couette avec une tablette de chocolat à portée de main, ou se repasser quinze fois sa scène préférée d'un film culte sans que personne essaie de nous arracher la télécommande des mains !

8) FAUX. Toutes les relations amicales ou amoureuses traversent des crises qui sont parfois difficiles à surmonter. Mais si vos attaches sont solides, le calme suivra la tempête et vous rendra encore plus forts !

9) VRAI. Une relation stable n'est pas fondée sur des goûts musicaux, cinématographiques ou vestimentaires similaires. Les liens se créent plutôt autour de personnalités semblables ou compatibles. Et puis n'oublie pas que les contraires s'attirent !

10) VRAI. Si tu sais mettre des mots sur ce que tu ressens et que tu partages aisément tes sentiments avec les autres, tu peux te féliciter de ta maturité et être en osmose avec toi-même. C'est un signe de sagesse !

Reprise des illustrations :

Diglee : pp. 6, 10, 31, 37, 39, 40, 43, 45, 52, 56, 62, 64, 67, 83, 85, 114, 115, 120, 122, 123, 128

Cyrielle : pp. 12, 13, 18, 22, 25, 28, 29, 32, 34, 36, 42, 49, 53, 55, 58, 59, 70, 71, 74, 75, 77, 78, 89, 91, 96, 99, 104, 105, 107, 108, 110, 117, 118

Marianne Dupuy-Sauze : pp. 15, 16, 26, 80, 86, 93, 101, 102, 121, 125

Dorothée Jost : pp. 21, 88

Isabelle Maroger : couverture et pp. 23, 46, 47, 72, 81, 98

Achevé d'imprimer en Espagne par Graficas Estella en avril 2011
Dépôt légal : mai 2011